疯狂的企业微信

再传统的企业也能实现数字化转型

韦泰丞　左少燕　孙冠华　朱益宏　肖骏◎著

ENTERPRISE WECHAT

中国经济出版社
CHINA ECONOMIC PUBLISHING HOUSE
北 京

图书在版编目（CIP）数据

疯狂的企业微信／韦泰丞等著. --北京：中国经济出版社，2020.12

ISBN 978－7－5136－6400－4

Ⅰ.①疯… Ⅱ.①韦… Ⅲ.①企业管理－研究－中国 Ⅳ.①F279.23

中国版本图书馆 CIP 数据核字（2020）第 241656 号

责任编辑　伏建全　王西琨
责任印制　马小宾
封面设计　久品轩

出版发行　中国经济出版社
印 刷 者　北京力信诚印刷有限公司
经 销 者　各地新华书店
开　　本　880mm×1230mm　1/32
印　　张　9.125
字　　数　181 千字
版　　次　2020 年 12 月第 1 版
印　　次　2020 年 12 月第 1 次
定　　价　48.00 元
广告经营许可证　京西工商广字第 8179 号

中国经济出版社　**网址** www.economyph.com　**社址** 北京市东城区安定门外大街 58 号　**邮编** 100011
本版图书如存在印装质量问题，请与本社销售中心联系调换（联系电话：010－57512564）

特别鸣谢

腾讯企业微信事业部提供书籍素材支持

编委会

自序

数字化转型需要向导

——《疯狂的企业微信》

成就智慧企业的引路人

朱益宏

一、数字化转型已成为企业发展的共识

随着互联网、大数据、云计算等新一代数字技术的迅猛发展，数字经济已经从最初的互联网产业不断向其他产业延伸和渗透，数字化转型已成为产业转型升级的重大突破口。与此同时，当今社会商业环境变化之快前所未有，数字经济技术正在以摧枯拉朽之势重塑行业竞争格局。有一句流行语这样说道："杀死行业老大的不会是老二，更可能是外来者。"例如，外卖送餐服务的兴起让方便面的销量一落千丈；共享汽车的出现颠覆了出租车行业原有的市场格局……如今，数字化转型已经不再是企业锦上添花的备选方案，而是未雨绸缪的常态和必然选择。

二、数字经济时代，数字化转型需要得力的"助手"

面对数字经济的浪潮，身处激烈竞争环境中的传统企业面临的转型需求更加迫切。数字技术的广泛应用，不仅催生了大量新产品、新模式和新业态，更引发了不同产业在发展理念、

业务形态和管理模式等方面的深刻变革。应用数字技术全面改造现有生产运营流程，减少和改进重复低效的环节，大幅降低信息获取成本、资源匹配成本，促进供需精准匹配，提高资源配置效率，优化客户服务体验，让企业在激烈的市场竞争中处于优势地位。

数字化转型的口号喊了很多年，却一直是雷声大雨点小，企业在实际操作时普遍犯了难。究其原因，数字化过程中普遍存在数字基础设施建设水平低、部署推进效率慢、企业内部管理手段落后、后台业务能力不足等问题。虽然企业在经营过程中积累了丰富的用户洞察数据，但由于缺乏数据分析、挖掘的工具，数据未得到有效利用，导致生产服务跟不上市场需求变化的速度。

显而易见，只有同时兼顾成本与效率、符合用户使用习惯、能够满足多元应用场景需求的数字化应用平台，才能精准匹配企业数字化建设的要求。

三、企业微信：打造企业专属连接器

企业微信的出现完美解决了企业数字化工具选择的难题。企业微信作为一个超级连接器，真正瞄准了传统企业管理的痛点，迎合了“互联网 +”时代的企业管理之道，通过为各行业提供丰富的应用场景，实现了人与人的连接、人与企业的连接、人与应用的连接，助力企业数字化转型。应用先进的数字技术，改造核心业务流程，助力企业实现降本增效。通过全面采集、分析和运用各类生产、消费、经营数据，帮助企业改善经营管

理，生产更适合用户的产品，提供更满意的服务，打造更优质的用户体验。

四、多元应用场景让企业管理降本增效

企业微信围绕企业沟通管理、信息同步、业务提升三大方向，满足企业跨区域、跨层级沟通，高效移动办公，人力资源管理优化，流程优化等多元信息化需求，助力企业智能移动办公，提升企业管理效率。

（一）企业微信让沟通永不掉线

企业微信满足企业内外部沟通需求，导入企业通讯录，不用加好友也能随时交流。提供文字、语音、视频、邮件等多种沟通方式，既能“一对一”单独沟通，也能拉群视频会议。轻松实现跨区域、跨部门交流。

“同事吧”功能帮助企业打造内部话题社区。企业可根据实际需要设置交友聚会、跳蚤市场、房屋租赁等个性化应用模块，打造企业专属自由交流平台。

（二）企业微信让数据与信息流动起来

借助企业微信的“文件盘”功能，让企业相关政策、规章及各部门公开性资料、数据文件等材料轻松传递到每位员工手中。

通过“消息推送”将企业微信后台编辑好的新闻、通知公告同步到指定的人，让员工时刻了解公司的大事小事。

通过企业微信应用程序编程接口（Application Programming Interface，API），帮助企业建立移动商业智能（Business Intelligence，BI）数据管理应用，赋能企业整合大数据资源。基于数据深度分析和挖掘，为决策和管理提供快速的反馈和依据。让管理者无论身在何处，都能通过手机随时掌握行业动态、市场行情、生产销售信息。同时，利用企业微信可以快速将管理决策传达给所有一线员工，提高企业资源配置和动态适应的准确性、时效性和有效性。

（三）企业微信让业务管理更高效

1. 全方位沉淀企业知识

过去，合同、报告、制度流程等内容全部散布在邮件、微信等各种沟通工具中。如今，企业微信作为一个主体，将全部信息有效地贯穿在一起，形成批量的文档组织结构，帮助企业有条理、有体系地沉淀各类知识和经验。

2. 实时提供移动办公服务

以企业微信为载体，打通企业内部各类信息系统，再将企业员工接入公司移动操作平台，打破过去办公只能依赖电脑操作的困境。

激活原有管理系统，全方位满足企业流程审批、行政管理、人力资源管理、财务管理等日常办公需求，将静态办公转变为动态办公，提高员工工作效率。

3. 突出员工管理与服务

同步企业通讯录，员工离职后HR在企业后台删除员工账号，同步注销企业微信账号，实现员工离职即被移出群聊，方便人力资源管理，保障企业信息安全。

将员工培训搬到企业微信上，满足员工移动化、碎片化学习需求，帮助员工快速成长。同时，解决企业培训组织难、培训成本高的难题。

搭建员工自助平台，上线智能机器人客服，随时随地满足员工方方面面的服务需求。通过将内购平台放到企业微信上，实现在线选择、下单、购买核销，员工和企业都更便利。

4. 减轻日常监督管理压力

有了企业微信，当员工发现安全隐患、不规范行为时，都可以对现场进行拍照上报，通过手机提交情况的展示，立马会有相关部门跟进处理。同时，问题提交后流程透明、可跟踪，最大限度地保障了企业安全、规范运行。

在日常经营过程中，通过企业微信录入订单数据、库存数据，一线员工可快速完成巡店检查、货架盘活等工作，信息准确、过程可回顾，员工更省力。

5. 无缝对接产业链条

企业微信作为连接器，帮助企业无缝对接内外资源，打通客户、工厂、门店、客服、供应商等全产业链条，高效支持全流程的动态决策、产品创新、业务运营等，提高企业的市场反应力，提升竞争力。

6. 打造“无边界”客户服务

企业微信提供了一套人对人的创新服务。员工用企业微信添加客户微信时，客户可以在对方的企业微信资料中查看企业员工的真实姓名、认证企业和职位等真实信息，解决线上销售时员工的身份信任问题。企业微信还可以帮助企业统一管理客户关系。员工用微信添加的客户会被同步到企业微信上，员工离职后，客户资源也被同步移交给公司。

利用“消息互通”功能，打破了企业与客户在时间与空间上的束缚，员工可更好地与客户沟通和提供服务，极大地增强了服务的多样性。“小程序”支持微信小程序与企业微信关联，员工与客户沟通时，可向客户发送图文、小程序、H5、卡券、消息模板等材料，实现多维度、多形式的营销。

将微信好友挂接客户关系管理（Customer Relationship Management，CRM）系统，可生成消费者行为大数据，通过后台沉淀与分析消费者数据，可以提供精准的用户画像，帮助企业制定精准、多维营销方式，最终提升销售转化率。

通过“企业支付”中的“对外收款”功能，让店铺导购在企业微信上对接收银系统，赋予导购开单、收款、核销、完成下单收银和分拣等权限，解决客户排队付费的烦恼，优化客户服务体验。

五、企业微信让每个企业都拥有自己的私域流量

2019年12月23日，在企业微信2019年度发布会上，企业微信3.0版本正式发布。本次企业微信更新成为人们关注的焦点。企业微信3.0的客户联系、客户群、客户朋友圈这三大新功能，对于企业来说，能够进一步提升私域流量，自有客户能得到精细管理、运营。同时，对企业私域流量运营来说，仿佛迎来了新的春天。

（一）让员工与客户的沟通更高效便捷

企业微信3.0的三个新功能，让企业员工可在企业微信中直接添加客户个人微信、创建包含微信用户的客户群，甚至发布内容到微信客户的朋友圈，彻底打通“任督二脉”，实现私域流量的数字化管理。

（二）让公司对员工、客户进行数字化管理

通过企业微信，商家还可以用一个后台统一管理所有的销售、导购，以及它们所辐射的客户。

首先，商家可以统一管理员工对外形象，在员工的企业微信个人页添加官方网页、店铺小程序等。

其次，商家可统一查看和管理员工添加的微信客户、客户群，员工离职并从通讯录中被删除后，可以分配他/她的外部联系人、客户群给其他员工——这一功能完美地解决了商家担心员工离职后带走客户的痛点。

更重要的是，商家还可以在后台查看客户数据统计，轻松掌握员工服务客户的情况，并根据数据做出业务决策。

如今，企业微信正在强化企业与员工的连接、员工与客户的连接。企业微信3.0让私域流量、CRM以及员工协同都在出现新的生机。

本书围绕企业微信服务、企业与政府两条主线对企业微信功能做出介绍，从连锁零售、生产制造、农牧食品、互联网、医疗、教育、酒店、金融保险、物流、交通运输、矿业等行业领域，选取了25个典型应用案例。每个案例分别从企业应用企

业微信的背景，使用到的具体功能与应用场景，以及企业微信给企业在内部沟通、信息同步、业务提升、文化建设、员工成长、客户沉淀等方面带来的价值，生动形象地展示了企业微信的应用场景，揭示了企业微信在企业数字化转型过程中发挥的作用。

无论是对作者还是读者来说，一本好书都给人一种甘之如饴的享受。《疯狂的企业微信》作为一本企业数字化转型的应用指南，其中丰富、翔实的案例素材，让企业数字化转型不再遥不可及，无论企业管理者还是普通员工，对于企业数字化转型都可感知、可理解、可想象。

书是向导，书是良师益友。希望书中的案例能助您踏上数字化转型之路，让您在企业数字化转型过程中拓宽眼界，启迪思路。

前言

2016年，国务院常务会议上明确提出制定促进数字经济发展战略纲要；2017年3月，数字经济被首次写入《政府工作报告》，数字经济上升为国家战略；2019年，全国“两会”政府报告再对数字经济着墨，进一步提出要“壮大数字经济”的理念。数字经济成为经济社会发展的中坚力量。

数字经济作为推进高质量发展的重要引擎，通过改造提升传统产业，重塑产业核心竞争力，促进产业深度融合，推动我国经济发展实现质量变革、效率变革、动力变革。

一、推动质量变革

在供给端构建以物联网、大数据、人工智能新技术为依托的精细管理和质量控制体系，改革我国传统制造企业相对落后的生产方式，改变传统制造业的研发与生产流程，增强企业自主创新能力，逐步打造数字化供应链，帮助提升产品和服务质量，推动质量变革。以生产制造业环节为例，通过对生产过程中产生的大量数据进行分析，进一步优化生产流程参数，通过实时动态监测机器设备运行状况，对可能出现的问题进行预判，有效提升故障处理效率，保障生产线正常运行，提高产品和服务质量。

二、推动效率变革

随着数字技术全面渗透到营销、服务、生产、研发等环节，数字化技术将极大地降低市场交易成本，提升行业全要素生产率，推动效率变革。数字技术的发展和应用有助于推动产业体系逐步向先进制造、柔性生产、精准服务、协同创新的方向转型升级，促进市场出清，实现供需双方资源有效对接。企业可以通过深度的数据分析挖掘，实时掌握消费者需求变化，做到精准生产与营销，消费者也可以买到称心如意的商品，获得高效的服务。

三、推动动力变革

随着我国经济发展数字化特征不断增强，从数字经济中汲取、发展了越来越多的新动能。一方面，以互联网、大数据、人工智能为代表的新一代信息技术产业持续发展壮大，使数字经济产业领域发展更加繁荣，2015年以来，我国数字经济类新增注册企业数量呈爆发式增长；另一方面，数字经济与实体经济加速融合，催生了一批以消费升级、服务升级、产业升级为特征的产业数字化新业态、新模式，不同行业、领域的企业纷纷开展数字化转型探索，有效推动了管理创新、商业模式创新、营销创新和品牌创新。

数字经济是推动高质量发展的战略选择，企业数字化转型更是企业基于自身发展的主动诉求。在“互联网+”时代，各行各业都面临着业务与模式全面重构和转型升级的压力。尤其是以零售、交通运输、矿业、农牧食品、生产制造等为代表的传统行业，因为内部管理没有跟上企业发展的步伐，普遍在沟通管理、信息同步、业务提升等领域碰上难题。

四、沟通管理遇难题

跨部门沟通有墙，跨层级沟通有沟，上下游沟通受阻。比如，企业规模的扩张首先带来的是人员规模的快速增长和臃肿的部门机构设置，这种烦冗的组织机构一直饱受诟病，自上而下的信息传递方式造成信息传递时效低、速度慢，效率层层衰减。企业内部沟通经常因为员工通讯录更新不同步，找人十分麻烦。不仅如此，传统群沟通带来信息安全隐患，内外部沟通协调缺乏一个统一、安全、高效的沟通平台。

五、信息同步遇难题

数据报表不同步，供、产、销环节管理分家，中、后端生产、供应与前端销售信息不同步，运行数据缺乏实时监控，无法及时把握市场动态和客户需求变化，无法实施精准营销，无法科学开展生产调度安排。不仅如此，每项业务都要经历多个内部流程，如果使用传统纸质审批的方式，不仅领导审批不方便，还存在流程耗时长、费用高、员工满意度低等一系列弊端。

六、业务提升遇难题

企业内部与外部在沟通、管理方面存在严重的隔离，造成企业信息流通缓慢，决策效率低。

企业内部存在办公自动化（Office Automation，OA）系统协同办公、企业邮箱、人力资源、企业资源计划（Enterprise Resource Planning，ERP）、CRM 等多个系统，各个系统独立运行，不仅使用率低、成本高，还会造成内部信息孤岛等问题。

制造、营销、客服、供应商等产业链条不畅通，无法实现全流程的动态决策、产品创新、业务运营等。缺乏对生产经营大数据整合、深度分析与挖掘的能力，决策和管理缺乏科学依据，难以保证企业资源配置和动态适应的准确性、时效性和有效性，企业对市场竞争力不足。

面对沟通管理、信息同步、业务提升三大难题，“移动化”“数字化”已成为企业信息化的刚性需求。在“互联网+”时代如何真正推动企业数字化转型，打造扁平化的组织管理体系，打破内外部沟通壁垒，加快信息流转速度，快速提高运行效率、降低生产成本，有效实施创新管理，成为企业发展的关键议题。

企业数字化转型作为一项系统工程，转型绝不是一蹴而就，更不会是一个人单打独斗。市场上层出不穷的数字化管理工具、综合解决方案为企业加速数字化转型提供了便利。但综合考虑企业数字化改造的部署成本、应用推广成本、普及效率等因素，想要找到一款适合自己的数字工具并非易事。

针对企业在数字化转型过程中的痛点与需求，企业微信应运而生。企业微信作为一个超级连接器，迎合了互联网信息时代的企业管理之道，助力企业数字化转型。深入企业实际运转，将连接发挥到极致，实现了人与人的连接、人与企业的连接、人与应用的连接等，成就智慧企业。

但不同的行业、不同的企业在发展过程中面临的问题、需要的数字化服务迥然不同。为了回应不同领域的读者在企业数字化转型问题上差异化、个性化的需求，本书选取了连锁零售、生产制造、农牧食品、互联网、医疗、教育、酒店、金融保险、物流、交通运输、矿业等行业领域二十余个代表企业利用企业微信解决其发展痛点、推动数字化转型的案例。案例介绍主要描述行业、公司、政府等在发展中所遇到的问题，而企业微信的引入使其不但解决了原有问题，提高了基本工作效率及质量，还使其在企业微信的助力下开辟新途径，为公司和政府构建平台、搭建桥梁，助力其多方面朝着更好的方向发展，保证公司和政府高质量的发展。希望本书丰富、翔实的企业微信应用案例能带给读者一场数字化转型的美妙之旅。

目录

生产制造行业应用案例

农牧食品行业应用案例

互联网行业应用案例

医疗行业应用案例

教育行业应用案例

酒店行业应用案例

金融保险行业应用案例

物流行业应用案例

交通运输行业应用案例

矿业行业应用案例

政府应用案例

企业微信3.0

从有界到无界

2019 年 12 月 23 日，在企业微信 2019 年度发布会上，企业微信 3.0 版本正式发布。

本次更新的企业微信 3.0 版本，以助力企业更好地连接消费者、提升内部效率、捍卫信息安全为重点。结合半年前更新的“消息互通”（添加微信好友）功能，企业微信已经配置了客户联系、客户群、客户朋友圈三大社交功能，让企业更好触达、服务消费者成为现实；而结合了会议、微文档、微盘的整套效率办公工具，在有效提升内部效率的同时，严守“信息安全”这条生命线，防范企业内部信息泄露。

一、企业微信 3.0 主要功能更新

（一）客户联系

企业微信 3.0 的主要亮点之一，就是企业员工可通过“企业微信”直接添加客户“微信”为好友，记录客户偏好，提供适当的服务。单个企业微信可添加无上限的微信好友，从 5000 位到 10000 位的好友数量可以逐步向企业微信申请提高好友容量。

客户本身只需要打开微信扫一扫企业微信二维码就可以与

企业建立联系，其基本的聊天功能与普通微信无异。

企业微信可以主动实现以下几个功能。

（1）在主动添加好友时，好友请求只会显示在微信的服务通知里面。

（2）企业可以在后台配置员工的自动回复，内容为 100 字的文字介绍加一张图片/小程序/网页。

（3）聊天框右侧支持自定义快捷语录，提升了快速回复客户对话的效率。

（4）一次可以发送“文字 + 图片”两条消息，由管理员统一处理内容，员工分发，并实现同时群发给上万用户。

并且，员工的企业微信名片获得企业认证，增加了企业的品牌背书，使得员工更容易获得客户的信赖和认可。更重要的是，所有客户信息将被同步到企业 CRM，即使员工离职，客户也不会流失。

（二）客户群

在客户资源沉淀后，如何个性化、精细化地进行运用无疑是企业的关注重点。在 3.0 版本中，企业微信外部群聊人数从原来 20 人的小群沟通，升级为最多可以支持 100 人的社群营销，员工可以根据不同的客户特征搭建外部群聊，来提供多对一或一对多的伴随式社群服务。

首先，企业可查看并管理成员的客户群，对离职员工的客户群再分配，避免企业的客户资产流失。对于企业来说，这项功能的更新意味着企业微信不再是员工的私有资产，员工所建立的每一个客户群都将是公司资产的一部分，公司统一管理每个员工的客户群，离职员工无法带走公司的客户。

其次，企业可通过群聊数据统计查看客户群数据，掌握员工服务情况。过去的微信客户群只能通过查看聊天记录和观察发言次数以及活跃人数，来评判工作质量，并且该数据来自第三方工具，难以进行有效沉淀。本次更新之后，企业微信将对微信群的数据做深度记录和形成报表，让企业有数据可循。

此外，企业员工可为客户群配置一条欢迎语，当有新成员加入微信群聊时，系统将自动发送这条欢迎语。其实，企业微信早有群机器人这一功能，这次对此功能进行小幅升级曝光，正式启动了微信群的智能化运营。

（三）客户朋友圈

根据微信官方披露的数据，每天平均有7.5亿人次浏览朋友圈。并且在3.0版本的企业微信中，企业可以添加的客户微信数量无限多。在本次更新中，企业微信开放了客户朋友圈能力，给企业微信开放朋友圈的权限，这就意味着把朋友圈的巨额流量无偿开放给了企业方，为企业提供更高效的“二次触达”工具，也减少了企业广告对用户的打扰。企业员工可发布专业内容到客户朋友圈，告知客户活动信息、产品动态，帮助客户理解产品信息，还可进行评论互动。此外，企业可查看员工发表的内容，也可统一创建内容，经员工确认后发表到客户的朋友圈（见图1）。

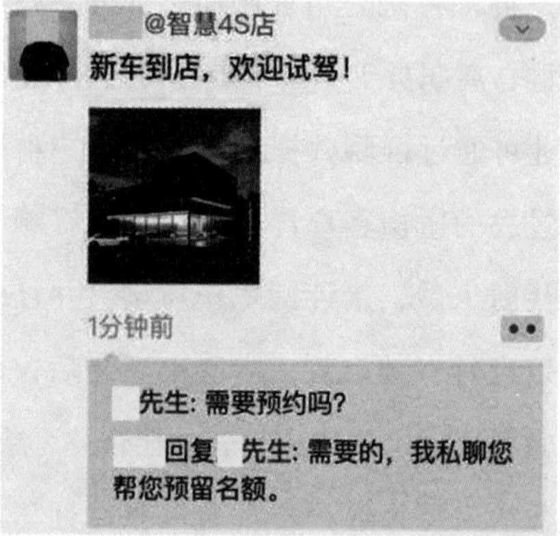

图 1　企业成员发布到客户朋友圈的专业内容

有了客户朋友圈，每一位员工都可以成为客户“专业的朋友”，企业基础管理者的压力将大大减轻，在进行线上营销时，不需要再去复制文案和图片，而是等待高级管理员编辑好之后，员工点击发送即可。

企业微信朋友圈的另外两个关注点，是私域流量运营者的福音——用于门店私域流量搭建和引流。

但在看似美好的表象下，有着各种各样的限制条件，这些限制条件。大致可以分为三种。

第一，企业微信确实可以开通朋友圈，但是背后有一定的限制条件。这些限制条件包括以下五点：

（1）验证主体信息；

（2）企业注册时间须大于 7 天；

（3）每天登录企业微信的员工人数须多于 50 人；

（4）成员添加的客户数；

（5）经营情况，如给客户发消息的成员人数、客户回复率、线下添加客户占比、添加客户通过率等。

第二，除了申请朋友圈有限制条件外，企业微信发朋友圈的条数也有一定限制。企业微信员工发送朋友圈的限制是同一客户每日1条，企业发送朋友圈的限制则是每月4条。企业和员工所发表的内容互不影响。但是员工发朋友圈一次最多选择200人，而企业发朋友圈则没有人数上限。

第三，关于企业微信添加微信好友的数量也有一定限制。企业微信添加好友无上限，但是作为员工的企业微信，好友上限是5万人。

（四）企业办公效率工具套装

在强化对外连接的同时，企业微信也同样强化了对内连接和效能。针对以往个人社交软件中的群聊讨论发散、讨论内容缺乏沉淀、信息易泄露、文件流转无法追踪等问题，企业微信3.0版本推出了“效率工具套装”，包含“会议”“日程”“微文档”“微盘”“指定回复”“稍后处理” “聊天中快捷打开” 等功能。

在移动化、碎片化的时代，能在出差奔波途中，与异地的团队快速组织一场“随时随地的在线会议”，是3.0版本套装的亮点之一。员工可以在聊天中发起日历邀请，与天南海北的同事“约个时间”，用音频或视频会议功能开一场可容纳25个人的会议。在会议中，员工还可在手机上实时演示文档，手指轻滑标注重点内容，让身处异地的与会人员一目了然。

而“微文档”和“微盘”有着严格的读写流转及下载权限控制，即使误发给外部客户，也不用担心信息泄露；文档的访问、修改、浏览记录均可回溯与追踪，确保敏感信息不外泄，为企业严守“信息安全”这条生命线。

此外，针对“红点焦虑症”，“会话标记”功能能为未回复信息打上星标，待空闲时间“稍后处理”；还可在群聊里选定某一条信息进行“针对回复”，使对话前后呼应，提高沟通效率。办公效率工具套装的开放，让企业微信在服务企业内部数字化效率提升方面更有力。只有这样，企业才能更好地与外部连接，更好地进行数字化转型与升级，从而更好地服务、创新与创造。

二、企业微信将成为下一个流量洼地

企业微信3.0版本的发布，使企业微信和微信实现了互通。可以认为，从这个版本起，企业微信将正式纳入微信生态。势必将带来社群人数的扩增，这意味着将会有大量的企业利用企业微信群去做裂变和会员制营销。

那么，企业微信会是下一个流量洼地吗？在企业微信3.0版本的更新后，答案显而易见：企业微信极有可能是下一个流量洼地。

可能由于名字的原因，企业微信乍听上去好像是企业和个人之间的一款即时通信工具，并且企业微信确实可以实现企业和个人之间的沟通，但是这也只是它的众多功能之一。

其实，企业微信起于私域流量，基于企业微信可以添加的好友数量无限多，因此，企业微信本质上是一个连接企业和用户的新媒体，通过实现营销、销售、客服三端在线化的过程，拉开企业数字化变革的开端。

现在来看，有两类客户有强烈的流量私域化需求。第一类是传统电商平台的商家，流量成本最高，但利润被平台不断抽成；第二类是自媒体从业者，基于粉丝的变现效率太低、变现渠道太少，导致手握大量好友却没有渠道变现，他们希望将用户关系、粉丝关系升级为好友关系，去做更多的会员服务，完成公众号的变现。

而在行业趋势上，淘宝的头部卖家具备快速私域化的基础能力，他们有清晰的引流场景和优质的产品，在同时拥有流量和服务能力的情况下，有着极强的私域化条件。因此，淘宝头部卖家完全可能把流量迁移到企业微信上来。微信虽然没有电商基因，但商家可以通过企业微信把用户好友关系化，再进行精细化运营。

线下餐饮门店也有机会。通过接通企业微信逐步 CRM 化之后，可以绕开美团等实现利润的增加，这是商家希望看到的。同时，门店领域的另一个机会是，可以围绕一个城市或者区域构建住户私域流量，反向再去搭建一个新的、更高效的美食发现、探索猎奇和优惠的本地生活平台。

此外，有行业背景的自媒体或者垂直领域的自媒体如果把粉丝进行企业微信好友化之后，再叠加更有价值的会员服务，同样具备升值的潜力。

相比其他工具，企业微信目前有三大特点。

第一，企业微信的用户在基于合规的载体下很难出现封号的问题。

第二，好友关系属于企业，员工离职时带不走。这背后所隐含的意义是允许好友关系资产化和资本化。可以设想，未来各种面向企业（TOB）业务的估值标准和衡量指标可能将与企业微信的社群运营数据紧密联系起来。

第三，可海量运营。单个企业微信的员工号目前支持 5 万名好友关系，并且单个企业的员工数量也不受限制。一个公司可以将自己的核心客户群积累到百万级、千万级甚至亿级，实现变现效率的大大提升，打破 B 端估值的天花板。

并且，由于企业微信可以推送信息到客户的朋友圈，因此，企业微信的触达率要远远高于公众号和微博。从用户触达率这一点来看，企业微信是一个相当优秀的新媒体工具。

未来，企业微信可能会替代公众号，成为企业发布产品动态、活动信息的首选渠道。回头看看过去几年我们就会发现，微博和微信公众号的红利期分别在 2011 年和 2013 年。这一时期，这两种新媒体刚刚诞生，恰好扮演着流量洼地的角色。因此，如果我们把企业微信也定义成一种新媒体，那么现在的企业微信无疑也是一个流量洼地。

和微博、公众号有所不同的是，微博和公众号只要提供好的内容，就可以通过用户的转发实现涨粉。而企业微信现阶段仍处于内测阶段，各项规则并不明晰，那么最终会不会也存在类似这样的一个机制，或者说如果不存在这种机制，用什么办法能够弥补，这都是需要后续解决的问题。所以，企业微信社群人数的增长，预示着私域流量的发展方向，未来依靠微信生态存活的公司都将会开启自己的企业社群营销时代。在企业微信的保护下，微信号和微信群变得更加稳定、数据化、可沉淀。企业微信起于私域，解决的是所有企业在移动互联网生态下拉新难、成本高的问题，改变的是整个B端的获客效率。它会变成中国产业互联网的一个基础设施，这是企业微信的最终归宿。

三、企业微信对企业数字化转型具有重要意义

数字化转型打通线上线下，全球企业都在努力。因为，数字化不只是帮助企业融入数字经济创造新价值，也事关企业本身的效率、成本和综合竞争力。

转型者通过数字化获得了更多机会，创造了更多价值，提高了效率，降低了成本，不转型而依然靠传统的方式，成本高企，行动迟缓，就会被市场抛弃。

美国市场研究机构IDC就明确表示：数字化转型不一定确保成功，但是不转型注定失败。

中国企业已对数字化转型有高度的共识，但也遇到了困难。其中最大的障碍就是，科技界常常将数字化描绘得高深复杂，很多数字化工具的门槛和使用成本也非常高，让众多缺乏技术和实力支撑的企业被阻隔在数字化的门外。

易于连接，易于使用，海量的微信用户一个切换就可成为

海量的企业数字化执行者，这也是企业微信之于中国企业数字化转型的重要优势。它有望成为中国企业数字化的一个基础——就像微信连接人与人一样，让最欠缺数字化基础的企业都能够实现数字化转型。

企业微信的普及，或许不会帮助腾讯成为产业互联网的最大赢家，但有很大可能会帮助中国在数字化经济浪潮中率先完成企业数字化的大转身。

这也正是企业微信给自己的使命：让每一个企业都有自己的微信。如果每一个企业都有自己的微信，那么每一个企业都跨进了数字化之门。

连锁零售行业应用案例

案例一

太古饮料：

30 天覆盖 20000 名员工，数字化转型跨过“三座大山”

伴随着人工智能、大数据、云计算、物联网等新兴技术的爆发式发展以及消费模式的提档升级，零售业正上演着一场以智慧零售为主要内容的变革。

——《2019 年智慧零售行业市场前景及投资机会研究报告》

提到可口可乐，应该是无人不知、无人不晓。太古饮料就拥有可口可乐在美国、中国内地以及中国香港和中国台湾等地区的生产、营销、配销的专营权。但对于拥有 2 万多名员工的太古饮料而言，如何在企业管理运营过程中保证这个庞大的组织高效运转是其一直以来的痛点。

一、困惑的太古

和其他传统企业相比，快消行业更讲究效率。举个例子，管理者需要时时掌握最新的销售数据，以此来确定最新的市场策略、物流库存等决策。关于效率，太古饮料有“三座大山”。

（1）**员工状态更新慢。**一线员工人事变动频繁，企业群管理困难。

（2）**企业数据流转慢。**销售数据异动，触达不及时，决策难。

（3）**培训考核组织慢。**门店分布在各地，培训考核组织难。

二、24 小时让 80% 的员工快速上手

虽然之前也用过一些企业管理软件解决痛点，但那些软件对于员工来说“门槛高、上手难”，往往在推广初期就面临“流产”的危险。

太古饮料的业务模式决定其企业管理的特殊性。

（1）**从区域范围上看，**太古饮料在中国的员工横跨 16 个省，甚至还有外籍和中国香港员工。

（2）**从教育背景来看，**决策层、财务、销售、物流工人，教育背景参差不齐。

（3）**从管理习惯上看，**各个省级公司在管理上都有着自己的一套体系和习惯。

差异如此之大，想要在公司内部推广一款新的企业级办公工具，沟通与培训成本非常高。

综合评估企微，提高行政效率。在使用企业微信之前，太古饮料也评估过其他的技术方案，而企业微信有三大优势可以解决太古饮料旷日持久的难题：

（1）微信拥有10亿用户，甚至在海外也有许多用户；

（2）企业微信与微信的操作方式非常相似，无须培训，可直接上手；

（3）原来的企业管理系统一旦忘记密码，需要向公司IT部门申请找回。而企业微信则可以通过短信找回密码，员工使用方便，还减少了公司IT部门的工作量。

太古饮料从2017年3月开始推广企业微信，当天就让80%的员工用上企业微信，仅用一个月就全面覆盖2万名员工。

单拿沟通反馈这个企业日常运营中最常见的场景举例，以前用其他企业级产品下发通知，往往需要很长时间才能让所有人看到，而企业微信凭借即时沟通功能可迅速触达每个员工。

三、离职员工即时被“清出”群组

众所周知，快消行业的人员流动率大，离职率高。企业群群主很难及时把离职员工清理出微信群或QQ群，如果员工不退群，意味着他们仍能看到公司的许多信息。

离职管理便捷，同步删除注销。现在，HR会把每个新入职员工的企业后台账号和企业微信进行连接，如果该员工离职，HR在企业后台删除员工账号，也同步注销其企业微信账号，员工离职即被移出企业微信的群聊。

值得注意的是，企业微信还可以通过权限设置，管理员工所能看到的信息权限。举个例子，销售部的人员只能看到销售部的数据，但涉及销售核心机密的数据，只有销售部负责人或公司总裁才能看到。这些只需要企业管理员在管理员后台勾选完成设置即可。

四、销售数据随时随地更新

对于快消行业来说，随时掌握销售数据才能更好地调节市场策略。但很多一线业务人员基本每天都在外拜访客户，内勤需要打电话要数据，再由内勤生成报告，交由高层进行决策。整个过程既复杂，又浪费时间。

API 建立 BI 个性化需求应用。通过企业微信 API，太古饮料建立了移动 BI 数据管理应用，满足了企业自身的个性化需求。比如，员工上传的信息能实时传递到企业微信上，管理者不管身在何处，都能通过手机实时查看最新数据，而管理者也可将管理决策迅速地传达给所有一线员工，信息高效触达。

此外，大家沟通的方式也更多元化，可以拉群开会，用文字、语音甚至是视频会议的方式，了解情况，传达指令。

五、碎片化培训让员工更满意

太古饮料的员工分布在全国上千个城市，如果 HR 上门培训的话，走完这些地方至少要一年。就算组织当地的员工培训，也会面临两个痛点：

（1）要花大量人力和精力协调合适的会议室。

（2）要在不影响公司正常运转的前提下，和各部门协调出一个最合适的培训时间。但事实上，再合适的时间都不可能让每个人都满意。

线上课程，随时培训。冯柯决定用企业微信来尝试“员工培训”。先把培训内容切割成一个个5~10分钟的小段，员工可以选择例如休息、坐班车等空闲时间自行学习，学习结束后，会跳出相应的试题，员工答完提交，HR以此来了解员工的学习进展和程度。和以往“大锅烩”的培训不同，HR可以根据每个人的考核情况，制定出更加精准、细化的培训教材，真正实现“因材施教”。

六、互通功能让企业杜绝客户流失

销售导向的企业常常会遇到以下尴尬：员工离职了，客户关系如何继承？在传统的销售过程中，销售员是接触客户的一线员工，为了方便沟通，销售员通常习惯用个人微信添加客户微信。但如果销售员离职，如果对接的销售人员没有及时跟进，很容易造成客户的流失。

用企业微信连接微信能解决这个问题。太古饮料要求销售员用企业微信添加客户微信，客户可以在销售人员的企业微信资料页查看到销售人员的真实姓名、认证企业和职位等真实信息。这不但增加客户对其的信任感，而且一旦该销售员离职，企业管理员可在后台将他/她的客户分配给其他销售员对接，防止客户因此流失。

在太古饮料的业务模式中，更多的是2B服务，但太古饮料依然很重视与C端用户的连接。

太古饮料和C端沟通最常用的方式是消费者的反馈。以前太古饮料更多的是通过电话调研的方式收集用户的反馈信息，而现在，太古饮料则通过微信服务号来连接消费者，通过微信服务号和企业微信的连接，消费者在微信服务号提出的建议可以立刻反馈在企业微信上，客服可以即时对消费者反馈，解答疑问甚至是引导消费。

比如，世界杯期间，消费者在线下购买可口可乐时，可以扫描太古饮料的微信服务号领取优惠券，进一步促进销售。由于微信服务号和企业微信连接，领取优惠券用户的信息可以沉淀在企业微信上，并被标签为太古饮料的活跃用户，便于太古饮料做消费者精准营销，由公司销售员（经销商）直接服务或参与公司活动，或直接引导消费。

以企业微信为连接，太古饮料接下来还会研究微信其他体系与企业微信的结合，并利用微信和企业微信正在内测的互通功能，更好地触达C端用户，了解消费者真实需求，并为之提供更准确、个性化的产品和服务。

七、治愈太古“大企业病”

（1）员工管理更轻松。消息查看分权限，员工离职后自动移出企业微信的群聊，企业信息安全有保障，人力资源管理更高效。

（2）信息传递更及时。移动BI数据管理应用，让管理者随时随地都能掌握企业经营情况。

（3）培训考核更高效。企业微信满足了员工移动学习、碎片化学习的需求，员工满意度更高。学完就测验，真正实现“因材施教”。

八、连接生态，拓展场景

为迎接零售行业快速变化带来的挑战，传统零售企业不约而同地朝着数字化转型的方向一路高歌猛进。企业微信作为企业数字化转型的助手，以最基础的员工管理为起点，将不断丰富应用场景，提供行业垂直领域的服务，连接更多商业空间，打造行业生态闭环。

客户评价：

用企业微信传递销售信息，让我们更敏捷地把最新销售策略带给市场。

——太古可口可乐丨食品饮料快消

案例二

影儿时尚集团：

私域流量助力智慧零售服务“无边界”

在以消费者运营为核心的全域营销概念下，数据将打通消费者认知、兴趣、购买、忠诚及分享反馈的全链路。数据的可视、可追踪、可优化，将为品牌策略、品牌传播、品牌运营提供全方位支撑。

——普华永道中国零售及消费品行业主管 王笑

人人都在喊生意难做，街边众多店铺纷纷开始打折、清仓、关店。尤其是竞争激烈的服装市场，前 10 名的总销售额不超过 50%，竞争厮杀惨烈。面对竞争激烈、深度调整的传统服装制造业，影儿时尚集团（以下简称“影儿集团”）如何通过数字化的技术与工具，以科技赋能和数字驱动，发挥旗下六大行业知名品牌、十五大区域销售分公司、1500 多家门店和数百万会员的优势，探索服饰行业线上线下新零售实践，成为企业应对行业变革的制胜关键。

一、打造智慧零售遇五大难题

如何第一时间了解消费者潜在需求，提供对应时尚资讯，落实到产品推荐及购买的全链条服务，影儿集团在打造智慧零售过程中遭遇了五大难题。

（1）**精准营销难题**。消费者接触无渠道，营销无工具。

（2）**销售技能与业绩难提升**。缺乏对导购技能的高效培训，导购销售激励不足。

（3）**巡店检查遇难题**。巡店信息整理慢、上传慢，店面管理不及时。

（4）**后方高效生产遇难题**。车间生产情况不清楚，设备运行故障难排查。

（5）**内部管理遇难题**。管理决策没有依据，经营数据变动情况不了解。

二、多触点、多场景增加消费者接触机会

女性购物具有随意性，且购物选择特别容易被他人的意见影响。导购作为与消费者最直接的连接者，其作用毋庸置疑。但在过去，由于导购和消费者接触场景有限，导购的服务时间短，服务空间有限，只有在消费者到门店或者参加品牌的某个活动时才有机会提供服务。导购与消费者的接触没有触点，又何谈营销？

打造与消费者连接的纽带，丰富服务场景。通过引入企业微信，影儿集团打破了导购与消费者这种时间和空间的束缚。

把导购连接到了企业微信，再通过企业微信加消费者为微信好友，既增加了导购与消费者的接触机会，又增强了导购服务的多样性。通过最新版本的企业微信 3.0 新增的三大功能，导购员可以根据服务场景、服务客群，选择不同类型的营销服务，包括以下三个方面。

（1）**“一对一”单聊**。员工的名片获得企业认证，专业形象更容易赢得客户信赖；可提供 VIP 专属服务，让每个消费者真的感受到独一无二的会员服务。

（2）**建群**。客户群功能可将同类型用户发展成社群，进行运营，实现一对多的服务，营销的范围、延展度更大，提升了销售效率。

（3）**客户朋友圈功能**。可向微信好友发送图文、小程序、H5、卡券、消息模板，帮助客户了解产品信息，实现多维度、多形式的营销。

三、企业认证员工身份，更快赢取客户信任

以前导购通过线下接触，通过实际的沟通和服务，可有效建立消费者对导购的品味信任，但在线上很难解决身份信任问题。过去，店铺导购只能通过个人微信添加客户微信，由于微信属个人账号，无法获得企业背书，在添加好友时，导购员为了赢取顾客的信任经常需要好一番解释沟通，即使如此，客户还可能因为无法确认导购身份的真实性而拒绝添加好友。不仅如此，通过个人微信添加客户好友，也容易给客户造成品牌形

象不专业的错觉。

官方认证解决身份背书问题。企业微信的引入不仅让导购与消费者连接的方式更加便捷、智能，还完美地解决了女装线上销售的身份信任问题。现在，企业微信上线了与微信“消息互通”的功能，影儿集团的导购使用企业微信与微信会员沟通时，在聊天窗口中为会员展示企业身份信息，包括认证企业和真实姓名。导购员的头像会有一个企业的标签，比如，“@影儿时尚”，这就相当于增加了一组被官方认证过的名片体系，很好地解决了身份背书的问题。导购以企业微信员工身份联系客户，降低了身份被冒用的风险，更高效地赢取了顾客对影儿品牌的信任。

四、运用大数据了解消费者潜在需求

要想成功把商品推销出去，首先得了解消费者想要什么，需要什么。但过去，导购经常有一个痛点：销售全凭感觉和经验，对消费者缺乏了解和更为精准的画像信息，直接的结果就是销售转化率低。

沉淀与分析消费者大数据。实际上，消费者的年龄、性别、喜好、收入、地理位置、线上商品浏览记录、历史购买记录等一系列个性特征与行为记录都可以用来帮助企业挖掘、描述消费者的潜在需求。企业微信就通过大数据技术获得用户信息数据，搭建出由点到面的完善、丰富的用户画像，通过用户画像分析用户群体消费行为轨迹，帮助企业实现快速、精准的营销与获客方式。

现在，企业微信 3.0 版本为企业沉淀私域流量带来了爆发式增长的机会，同时，通过微信好友挂接 CRM 系统后，围绕消费者的大量数据将诞生。大量沉淀并分析这些数据，可以提供精准用户画像，制定精准多维营销方式，最终提升销售转化率。获得精准数据的方式包括：

（1）对原始数据进行分析，得出用户画像；

（2）对消费者的浏览轨迹等行为数据进行跟踪记录，分析消费者喜好；

（3）分析购买记录等销售数据。

五、多维营销工具，打造海陆空营销武器

不过，光有数据，没有工具也不行。过去，店铺销售好不好全靠导购一张嘴。线下场景的一大痛点就是，销售过程缺少工具，促销手段单一，营销素材同步不及时，导致用户流失。女装市场品牌繁多，消费者在购物时除了关注衣服的设计、做工外，更喜欢货比三家，挑选他们心中最物美价廉的商品。因此，如何丰富营销手段，刺激消费者购物欲望，满足消费者的各种需求，是女装销售的制胜关键。

打造企业营销服务“组合拳”。影儿集团借助企业微信为导购开发了一套组合营销工具，不仅可以有效刺激消费者购物需求，更能优化消费者购物体验。

（1）会员卡、优惠券等基础营销信息。组合刺激消费者，

消费者购物后，导购可以在企业微信上进行核销信息的整合管理。

（2）**推出导购个人微店**。根据导购的个人营销风格和服务的会员群体特征，选择特定商品线，设计定制化个人微店，打造一个虚拟定制化商店。让每个导购摇身一变成为拥有虚拟店铺的“买手”，以提高商品服务质量和会员黏性，提高购买转化率。

（3）**推出搭配助理小工具**。导购可以根据消费者风格喜好，将商品搭配组合生成商品集推荐给消费者，实现虚拟“试衣”，带来模拟线下的视觉感官刺激。

六、缩短顾客排队付费时间，提升顾客体验

无论何种消费都离不开消费者最终的真实体验感。只有消费者满意，才能够产生强有力的购买力。过去，在线下购物场景中，收银台由于承载了太多功能，总是排起长队，消费者的体验十分不好。不仅如此，导购好不容易推销出去的衣服，客户在付款结账时常因为嫌排队时间过长而放弃购买。

导购对接收银系统。现在，影儿集团让导购们在企业微信上对接收银系统，实现了线下优化。通过企业微信，导购在线上就可以开单、收款、核销，消费者无须到收银台排队，在沙发上休息或在继续挑选衣服的过程中就能完成下单收银和分拣。人人都是收银员，消费者付钱无须等待。不仅如此，导购开单、收款的记录还能为后续销售奖金的发放提供准确的依据，省去

奖金分配时的麻烦。

七、满足员工移动化、碎片化学习需求

服装导购的综合素质与销售技能是影响店铺销售效果的关键因素。但这群导购普遍年纪小，缺乏经验，流动性大，因此，对导购的培训就显得十分必要。面对1000多家门店遍布全国的经营网点，以及规模庞大、地点分散的导购队伍，如何方便、高效地为导购提供统一培训，提升导购的销售技巧，让影儿集团的管理者犯了难。

把技能培训装进手机里。借助企业微信，影儿集团成功地解决了导购培训的难题。在培训之前，影儿集团先调查了解员工培训需求，做到有针对性地培训。然后将企业内部优秀导购的销售经验与技能制作成培训视频上传到企业微信中，并向导购发布相关培训通知。导购在企业微信里，就能根据自己的时间安排学习这些课程，不仅帮助新入职的导购提升销售技能，还最大化地发挥优秀导购的能量。

八、围绕激励约束两个角度，提升员工管理水平

对员工的管理其实就是同时从激励与约束两个维度引导员工。一方面，要让员工充分了解自己的工作状态、工作任务，了解自己与他人的差距；另一方面，要让员工的付出看得见回报，激励员工更努力地工作。这一理念在服装销售行业同样适用。如何做好导购管理，激励导购提升销售业绩是影儿集团管

理者一直在思考的问题。

企业微信不仅是影儿集团连接消费者的好帮手，更是企业优化员工管理的好管家。

（1）**让导购了解自己的任务**。通过企业微信，导购还可以在系统里完成导购回访任务，根据导购回访的情况实时显示进行中、已完成、已过期的任务。

（2）**让导购了解自己的考核情况**。影儿集团在企业微信上建立专门的关键绩效指标（Key Performance Indicator，KPI）考核系统，连接所有业务线，实时同步每个员工的工作数据，实现企业和员工的双向信息透明。企业可以实时了解员工的工作情况，员工也可以实时看到自己的考核数据。

（3）**让导购了解自己的排名**。此外，利用企业微信的社交属性，影儿集团通过阶段性发送返佣排名的方式，激励员工相互竞争。

如果说开辟多渠道让导购赚钱是刺激导购的一张王牌，实时激励则是另一张。通过企业微信消息功能，员工的返佣金额到账后就能立刻提现，从而实现即时激励。

九、提升导购服务能力，影儿集团实现精准营销

上至公司运营部门和企业决策者，下至一线员工和后方生产线，企业微信为影儿集团提供了全方位的连接与服务。

（1）**企业微信让精准营销成为现实**。企业微信作为导购和消费者沟通效率的提升器，建立了以导购为中心的“无边界”

服务。

（2）**企业微信让员工管理更科学，员工体验更满意。**移动学习、碎片化学习，导购销售技能提升有保障，KPI 实时考核、返佣金即时到账，员工工作更积极。

（3）**企业微信让店铺管理更加方便。**一线门店的库存数据录入可以在手机终端操作，一线员工可快速完成巡店检查录入、货架盘活等。

（4）**企业微信让高效生产有保障。**在后方生产线接入企业微信，实现生产数据移动化，管理人员可随时查看。不仅如此，生产设备异常，可以通过企业微信实时通知报警，保证及时处理，安全高效生产。

（5）**企业微信让运营决策有底气。**利用企业微信，销售报表将被定时推送给相关人员，在移动端随时可查，可以快速根据数据异动调整运营决策，一改往昔决策慢的局面。

十、瞄准智慧零售新方向

企业微信将继续做好“企业的专属连接器”。对外，搭建连接企业与其背后 C 端客户资源的桥梁，打破企业与消费者沟通屏障，构建全新商业闭环强有力的优势，解决企业在经营过程中的两大难题：获客、营销。对内，帮助企业进行后端数据的高效智能管理，重构员工、流程、绩效之间的关系，实现降本增效。

案例三

海韵之友：

智慧零售终端助力工商零协同营销发展

产业互联的核心价值是用数据打通多个产业环节，在采购上实现库存优化，在生产上实现质量管控，在分销上实现追根溯源，在零售环节实现精准营销，以及在服务上体验升级，最终达到价值提升和增效降本的核心目的。

——腾讯集团云与智慧产业事业群总裁 汤道生

一、建设现代营销网络体系的四只“拦路虎”

面对日新月异的新零售新业态，推进工商零协同、加强品牌培育和提升服务水平，成为海韵之友应对消费趋势变化、推动企业高质量发展的必然之选。在全面构建面向消费者的现代营销体系的过程中，海韵之友首先需要解决以下四只“拦路虎”。

（1）零售终端建设水平低，规范经营不到位。零售终端作为行业发展的前沿阵地，由于建设认识不到位、工作动力不足等原因，导致终端建设工作标准不高，终端形象不佳。

（2）**消费者数据采集不充分、不规范。**数据采集主要采取以人工采集为主、自动采集为辅的方式，且数据来源渠道有限，使得数据量不足，结果准确性难以保证。

（3）**信息流动有墙，产业链上下游沟通有坑。**由于分属于不同利益主体，工商双方对协同营销工作的理解不同，协同工作不到位或资源不能得到高效利用。

（4）**营销人员服务能力不足，工作缺乏规范操作指引。**营销人员作为终端建设的主力军，由于数量庞大、人员流动快速，导致高频率、统一的培训安排难以落地，出现营销人员服务水平不高、工作规范操作不知从何下手等问题。

二、落实规范管理，提升零售终端形象

零售终端作为品牌直接面向消费者的窗口，是营销网络中的关键环节，更是培育品牌、服务消费的重要阵地。然而，过去由于零售终端建设认识不到位、建设水平不高、终端形象水平不高、规范经营不到位等问题，导致零售终端服务消费者和提升行业营销现代化水平的功能并未真正发挥。

（一）加强零售终端的培训与指导

过去，海韵之友对零售终端的服务意识不强，主要停留在简单指导或行政管理阶段，服务较简单、原始，远没有达到向零售终端和消费者提供精细化服务的水平。

现在，借助企业微信的移动端平台优势，客户经理在进行

客户拜访时，可根据零售终端客户的实际情况，通过手机就能一键转发品牌、培训、文化传播活动信息，加强对零售终端的培训与指导，加强深入互动和精细化服务能力。另外，企业微信的“消息中心”功能，可定期向零售客户发布通知公告、业务培训等相关消息，帮助零售客户掌握营销技巧，提高对品牌的了解、推荐能力，吸引、引导、服务消费者的能力，以及提升零售客户规范化管理的能力。

（二）将规范管理水平与星级评价挂钩

过去，由于是否规范经营以及经营情况的优劣对于零售客户都没有影响，所以零售终端客户无法充分认识到终端建设的意义，终端建设工作动力不足，没有把终端建设当作一项长期性工作来抓，使得零售终端水平提升缓慢。

现在，海韵之友在企业微信中上线“星级管理调查”功能，由客户经理对所负责的零售客户的终端资源、商品陈列等内容进行采集，后台将采集到的数据按权重进行计算处理后评定客户的星级。其中，将规范经营以及经营状况作为评价零售客户星级水平的重要依据，并与商品的货源分配挂钩，以此激励零售客户不断规范自身经营行为。

三、订货与库存盘点移动化，日常经营更便利

“电脑不在旁边无法线上进货”“账户里没钱了，无法付款”“订单遗失了要怎么签收”……订货与库存管理作为零售客户日常经营重要的环节之一，过去，零售客户时常因为流程

设计的不智能、不流畅、不高效而发出各种各样的抱怨和疑问。

（一）在线订货与签收，操作更便捷

现在，通过企业微信的“微信订货”功能，一次注册认证后，在订货信息不更改的情况下，零售客户就能快速进入订货页面，随时随地完成线上订货。手机下单更及时，经营订货更便利。同时，“消息中心”会根据零售客户的账户余额情况，自动发送余额提醒，预防订货时出现余额不足的情况。

通过“到货确认”，零售客户可以查看自己订单的物流、配送情况，订单的分拣信息、配送信息，配送员的姓名电话以及配送日期。及时掌握物流动态，必要时可催促加急送货，做到配送安排心中有数。无须担心订货单据遗失，“到货确认”功能还支持零售商在线查看订单的具体情况，方便准确进行到货确认操作（见图1）。

图1　在线订货与签收功能

（二）货物库存即时查，盘点更高效

过去，零售客户需要每天对店铺货品进行盘点，同时定期对仓库的货品进行清查，以此了解店铺的库存信息。有时可能因为盘点清查不及时导致缺货或者库存积压等问题。

现在，无须定期盘点清查，零售客户通过企业微信的“经营分析”功能，即可随时随地掌握店铺现有库存状态。线上库存盘点为零售客户节约了大量时间与人力，零售客户对于店铺的库存情况随时可做到心中有数。

四、数据挖掘有深度，经营决策更科学

由于零售终端信息化建设水平低，零售客户对消费人群的消费行为、消费趋势不了解，分析市场、把握市场的能力不足。同时，零售客户经营决策缺乏科学依据，全凭主观经验，造成零售终端服务客户、满足需求的能力不足，终端价值还未充分体现，店铺经营效益不好等问题。

（一）了解市场，准确掌握消费者需求

由于零售客户对于当地市场需求特点、市场规模大小和客户喜好、店铺优劣势等都没有一个直观、准确的把握，使得零售客户在经营决策的时候更多的是依靠经验进行主观判断与决策，决策失误的风险较高。

引入“经营助手”，从订购角度为零售客户提供一套全方位的综合分析，让零售客户对本地市场销售情况有一个直观的了解。现在，零售客户可以通过“经营助手”，随时查询店铺

档级以及分区域排名、全市排名，更加准确地了解本地市场销售情况，对比自身的优势和不足，高效、合理地进行生产安排。

（二）了解品牌，不错过任何产品信息

以前每次推出新品时，由于无法通过广告的形式进行宣传，只能先由海韵之友统一安排对客户经理进行品牌宣讲、派发纸质宣传手册，再由客户经理对零售客户进行新品宣传。层层递进的宣传推广方式使得信息传递时间较长，还会出现宣传不到位等问题，导致零售客户了解新品信息的时间滞后，容易出现新品销量不足、零售客户错过热门新品等尴尬局面。

通过“品牌档案”功能，零售客户可第一时间通过手机App获悉新品资料，了解商品包装、口味、批发零售价格等各种信息，加快新品宣传推广速度，加强零售客户对新品的认识，从而帮助零售客户做出订货决策，提升新品的知名度。

除了新品推荐外，企业微信的“品牌档案”还支持零售客户对海韵之友当前销售的所有品牌进行检索。零售客户可根据商品包装的条形码进行扫码搜索，还可以通过品牌、零售价格等条件进行筛选。每个品牌的商品都可以点击查看该商品的详细信息，让零售客户充分了解商品知识，掌握其卖点、优势及宣传用语等。

在品牌展示界面，通过“推荐”“专享”“已购”“未订”标签，让零售客户一目了然，清楚地掌握目前热销品牌和企业订货情况。

（三）了解店铺，高效合理地进行经营安排

过去，零售客户需要自己根据历史进货记录、销售记录等资料，通过电脑或者计算器自己手动计算经营情况。这不仅十分费时费力，而且信息更新速度特别慢，难以满足店铺敏捷决策的需要。同时，手工计算还可能因为纸质订单遗漏、数据记录有误等问题导致计算结果出现偏差。

现在，零售客户可利用企业微信的“经营分析”功能，快速、准确地掌握店铺日常经营情况。“经营分析”功能从进、销、存、购进四个维度，为零售客户提供重要经营信息以及相关经营分析。其中，“进”反应零售客户近 1 年的订购走势，可通过左右滑动操作，查看更长时间的订货趋势。“销”和“存”由后台自动取用信息采集数据，向零售客户反馈不同品牌的销售情况与库存情况。“购进”提供时间可筛选的品牌购进情况。

除此之外，企业微信还根据零售客户的历史订购品牌（量、金额等）以及当地投放等相关因素进行数据计算，为零售客户提供有货、缺货、增长品牌列表，从价位、品牌需求、品牌宽度（订购）三个模块展现零售客户近期订购情况。以近三个月订购数据展现零售客户所销售的品牌以及全市所销售品牌对比，帮助零售客户在对比中发现品牌的需求定位，对店铺商品销售情况心中有数。

五、以数据驱动，面向消费者创新营销模式

商业的本质是买卖，企业经营的核心目标是如何把产品卖

出去、卖得好、卖给想要的人，并且持续卖下去。归根结底，要求企业为客户提供有价值、有需求的产品与服务。因此，如何准确把握消费者需求，生产出满足消费者期待的产品，成为海韵之友在商业时代激烈竞争中取胜的关键。尤其是在数字经济时代，如何借助互联网、大数据、人工智能等新技术，在更大的范围、运用更新的技术，跟踪消费、锁定消费、分析消费、影响消费、服务消费，实现精准营销，是摆在海韵之友面前的关键议题。

（一）满足广泛高效采集数据的需求

如何在成本可控的情况下兼顾数据采集的广泛性、真实性和动态性，一直是困扰海韵之友消费者数据采集的难题。企业微信的出现，让广泛、高效、零成本、及时的市场数据与消费者数据收集成为现实。

一方面，海韵之友将零售客户所有的“进—存—销”操作统一迁移到企业微信上，利用企业微信自动沉淀、收集整理零售客户的经营信息与数据，零成本、及时获取市场数据，数量庞大的零售网点满足了海韵之友对数据量的需求；另一方面，借助企业微信的“调查问卷”（见图2）和“信息采集”功能，海韵之友顺利完成了消费者数据采集的任务。综合采取面向零售客户的线上问卷调查和利用员工周边熟悉的人作为固定消费者进行跟踪调查的方式，通过微信平台转发或系统录入，既保证了数据的真实性，又能满足数据动态更新的需求。

图2　“调查问卷”功能

（二）提升产品投放精准度和品牌培育力

在丰富的数据与信息资源的基础上，企业微信后台强大的数据分析与处理功能，为海韵之友打通了工商业系统与零售客户、消费者互动互通的线上渠道，赋能企业强大的连接能力、数据能力和线上管理能力。

根据经营客户与消费者大数据分析结果，企业微信的“销售数据分析”功能（见图3）为海韵之友提供了一整套完整的市场营销数据，包括日监控、月汇总、年累计，帮助企业实时了解产品销售情况、上柜情况、新增户数、同比/环比增长情况、上柜分析、竞品分析。通过预测零售客户品牌销售容量及销售趋势变化，优化现有的投放策略和品牌策略，提升品牌的培育能力。

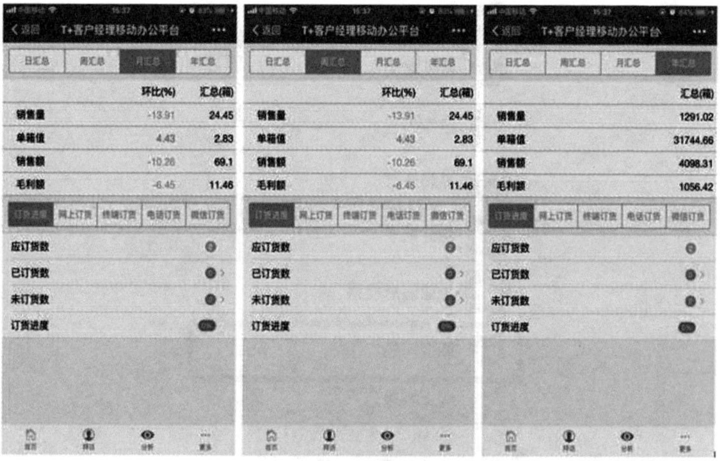

图3 “销售数据分析”功能

六、提升一线客户经理规范管理水平

海韵之友拥有一批数量庞大的一线客户经理队伍。这些客户经理的职责就是根据顾客的特点，为其推荐合适的商品。每位客户经理身上常年带着一个笔记本，上面密密麻麻地记满了零售客户的信息，根据客户经营情况、配合度、忠诚度等进行分类，并手工制作了客户拜访线路图。

客户经理在进行客户拜访的时候更多的是通过手工记录的方式，信息采集十分不便。不同客户经理记录信息的内容、条目不同，信息零碎，没有逻辑，不成体系。而且，客户经理的频繁流动导致经验沉淀无从谈起。因为种种原因导致这些有价值的信息并未真正发挥作用。

（一）操作流程更规范，信息沉淀有保障

利用企业微信的“客户档案”功能，客户经理可以通过手机端，及时查看客户档案、经营数据，准确了解客户相关信息。客户经理再也不用随时随地带着厚厚的笔记本跑来跑去。同时，客户经理通过工作台中的“客户拜访”，按照系统设置的统一操作流程与要求，在手机上完成对客户的店容店貌、规范经营、经营数据等情况的记录，客户经理工作更规范、统一，工作效率切实提高，信息及时，流程透明、可跟踪。

（二）访谈进度可查询，计划调整更敏捷

由于每位客户经理服务的零售客户较多，所以每天都面临大量的客户拜访任务。过去，新入职的客户经理由于缺乏访谈线路设计的经验、对地址不熟悉，又无法及时跟踪了解自己的拜访工作完成情况，时常导致拜访计划安排不当，任务未达标。

现在，企业微信中的“客户拜访”功能可为客户经理提供客户地理位置显示和导航，帮助客户经理准确、快速到达被访店铺。同时，利用“客户拜访”功能，客户经理可以随时随地查询自己拜访任务的完成情况，记录和查询自己的客户服务总结，了解自己的月度或周重点工作完成情况，及时调整工作安排。

（三）强化服务能力，提高终端建设水平

以前，客户经理在进行客户拜访时，对于客户反馈、客户需求和意见建议只能先进行记录，回到公司后再统一整理上传到电脑里，费时费力，且客户需求与问题无法及时得到解决。

通过企业微信中的“客户拜访”功能，客户经理可以当场记录客户反馈、客户需求和意见建议，及时解决客户问题，提升客户体验感。

不仅如此，过去客户经理对零售终端的服务水平较低，服务较简单、原始，只能通过纸质的产品宣传手册、政策宣传手册等文档资料向客户进行产品宣传、政策普及，不仅浪费成本且存在资料更新不及时等问题，远没有达到向零售终端和消费者提供精细化服务的水平。

通过企业微信中的“客户拜访”功能，客户经理可以当场向客户发送并展示电子资料，进行政策宣传、经营指导和品牌推介，帮助零售客户提升服务获得感与经营管理水平。

七、优化终端，提升管理，增强协同

（1）优化零售终端形象，提升品牌吸引力。通过加强培训引导与实行星级评价的方式，内外并举引导零售客户关注终端形象，提升消费者购物体验，强化品牌吸引力。

（2）增强信息采集与沉淀能力，打通信息孤岛。同时借助三种渠道高效收集市场信息。第一，利用企业微信后台自动沉淀零售客户的“进—销—存”动态经营数据；第二，与日常拜访同步开展新品牌量、价、存调研；第三，借助企业微信的“调查问卷”和“信息采集”功能，动态跟踪消费者行为变化趋势。以数据为基础、以消费者为中心、以“互联网+”为手段，分析研判区域市场发展态势，强化市场存销情况的分析和应用。

（3）连接并整合工业、商业、零售户信息，创新以数据驱动的、面向消费者的营销新模式。在零售端，科学安排订货计划，筛选符合当地市场、消费者及店铺实际需求的品牌组合与订货量；在商业端，针对消费特点和市场需求，优化产品组合，科学匹配重点培育品牌，精准投放，因品施策，不断促进产品销量和结构优化；在工业端，把握订购需求变化趋势，合理安排生产计划，确保新品牌培育适应终端、适应市场、匹配供需。

（4）关注队伍转型，强化客户经理服务能力与规范操作水平。将客户拜访工作迁移到企业微信上，借助企业微信统一的流程安排与设置，打卡和记录客户拜访内容，规范客户拜访工作流程与信息采集内容。同时，引导客户经理将更多的时间和精力放在指导客户经营、培育品牌上，特别是在商品陈列、信息采集、宣传推介、终端宣传资源利用等方面，为零售客户提供更加专业化、个性化的服务。

八、以营销端为切入点，强化服务能力

追本溯源，企业生产经营的本质是为消费者提供有价值的产品，营销作为企业面向消费者的关键环节，如何以互联网技术为支撑，构建全新的“工商零共同面向消费者”的现代营销

网络体系，是实现行业高质量发展的关键议题。企业微信凭借开放、高效的移动信息技术和强大的连接基因，将行业上下游资源无缝对接，打通制造、营销、客服等全产业链条，为行业沉淀和积累消费者大数据资源，帮助企业实现以消费需求为导向、以终端服务为重心、以品牌培育为要务的全面营销转型。

案例四

宜家：

拥抱数字化转型，构建企业文化建设智慧平台

> 企业文化是社会主义文化的重要组成部分和企业的软实力，与企业的可持续发展密切相关。企业发展理念、创新意识、现代化管理、生态文明建设和道德诚信等，既是企业的软实力，也是企业文化的体现。
>
> ——中国企业联合会会长 王忠禹

家庭装修大规模采购家具去哪里？

办公室装修购置桌椅板凳去哪里？

个人日常添置家居用品去哪里？

但凡涉及家居用品采买，很多人第一反应就会想到 IKEA（宜家）——一家来自瑞典的家居服务企业。

“拥有 311 个商场”“设立了 16 个采购贸易区域”“业务范围遍布全球 38 个国家和地区”，这些都是贴在宜家身上的亮丽标签。秉承务实、团结的文化理念，宜家迅速从瑞典的一家地方

家居卖场成长为全球最大的家具家居用品商家。宜家的成功离不开企业强大的文化积淀，企业规模的壮大、员工人数的增长，企业文化的支持，更离不开企业微信与腾讯乐享的助力。尤其在全球进入数字经济时代的背景下，文化传播手段在企业文化建设过程中起到了至关重要的作用，而如何利用数字化的手段加强企业文化建设，成为宜家继续向前发展的关键任务。

一、宜家文化根植于瑞典团结协作的劳动理念

宜家的文化来源于瑞典长期劳作形成的价值理念。

宜家创立于瑞典斯马兰省，这里多山多湖、冬季漫长、耕地有限、土里多岩石。为了改良贫瘠的土地和艰难的气候条件，斯马兰的农民需要齐心协力刨松土地，把岩石抬到地面上，再拖到田边垒成石墙。这里的人民需要不断地团结协作，将挑战转化为机遇，共享劳动成果。

这种劳动理念，瑞典语称之为“Tillsammans”，翻译成中文就是“团结一致”。如同斯马兰的农民期待通过齐心协力实现物尽其用一样，宜家期望激发员工潜力，实现人尽其才。

二、优秀的企业文化需要传承和沟通交流

宜家企业文化的宣传并不存在于具体的书或宣传手册上，而是存在于每一个员工身上，上自宜家的创始人下至家具卖场的一名普通员工，无一不在践行着宜家的文化理念。从新人招聘环节的价值观审查到员工每天的工作方式，宜家文化浸润到

企业日常运营的每一个环节和流程中，大家很自然地知道什么事“很宜家”，什么事“很不宜家”。

好的企业文化需要传承，好的价值观念需要沟通。如何借助数字化的工具与手段，打破企业内部沟通的墙，打造自下而上平等对话的联络平台，为企业文化建设保驾护航，是宜家企业文化传承过程中亟待解决的关键议题。

三、搭建自由交流的平台

企业文化的生命在于互动。过去，企业文化的传播一直通过制度、邮件等方式，自上而下地单向传播。因此，宜家深圳商场一直在思考如何在文化传播方式上进行创新。考虑到宜家员工平时需要在楼面工作，不可能随时随地查看邮件，深圳宜家选择引入了员工走廊，让员工在工作中也能顺便关注到企业文化的相关信息（见图1）。但员工走廊依然存在信息更新不够及时、展现形式不够丰富等局限。

图1　深圳宜家的员工走廊

引入企业微信，创新沟通方式：

2017 年 12 月 7 日，宜家深圳商场选择借助企业微信和腾讯乐享解决企业文化建设的难题。用了不到 1 年时间，宜家深圳商场内部建立起了一套双向互动的沟通方式，员工拥有了自由交流的平台。

在深圳宜家，曾有一个部门用非常接地气的方式介绍了公司业务部门的工作内容、团队成员特色，并向乐享平台进行投稿。果不其然，这篇题为《没有同姓的部门》的稿件一经推出，就获得了极高的点击量。随后，其他部门受此启发，也纷纷向乐享平台投稿，交流分享自己部门的工作情况，增进公司各部门之间信息的互动。不仅如此，有的员工还创新性地运用了手绘插画的形式，让文章风格更活泼、内容更通俗易懂。引入和使用腾讯乐享，提高了宜家深圳商场的双向沟通效率，使得同级、上下级、跨部门之间的沟通更加快捷便利。

四、打造企业专属“网红”IP

内部报刊、广播、电视台、橱窗、宣传栏等一直作为企业文化传播的重要载体，但这些一板一眼的文字和严肃的表达方式，让企业文化与员工之间形成一道天然的屏障。企业文化一直是听上去很美好，但员工感觉很遥远。如何创新企业文化传播方式，让企业文化有温度、可感知，不再单单停留在口号阶段，是宜家在传播企业优秀文化时碰到的首要难题。

利用专属 IP 讲述企业文化。借助腾讯乐享，深圳宜家创造出极具知名度的内部网红 IP，为企业文化价值传播找到了“代言人”。物流部门通过腾讯乐享，打造了自己的网红 IP——东方毯。

“东方毯”是一个虚拟人物，宜家深圳物流部门借用它的身份，讲述了宜家深圳物流的整个过程，深入浅出，让以前对物流完全不感兴趣或完全不了解的同事，也了解到物流运作的全过程。

五、丰富活动类型，增强活动影响力

企业通常会举办各类线上线下的征文比赛、文艺晚会等活动来宣传与推广企业文化。很多时候，活动负责人需要群发邮件通知活动，不仅工作量大，员工时常因为漏看邮件而错过活动。线下活动由于无法预计报名人数，活动安排非常不方便。并且，在活动结束之后，企业通常只简单发布一条资讯回顾活动整个流程，究竟活动效果怎么样、员工对活动有何反馈这些都不得而知。

腾讯乐享帮助企业丰富内部活动。为解决上述企业活动举办与总结过程中出现的问题，腾讯乐享通过高效打造并沉淀丰富的内部活动，多渠道、多形式发布与传播企业文化，将企业文化建设落到实处。

在宜家深圳商场应用腾讯乐享举办活动方面，宜家深圳商场收散货大赛便是其中最经典的一个案例。为应对货物整理、收银、餐饮等各类琐碎而又重复的日常工作需求，宜家深圳商场除了全职员工外，还拥有许多兼职员工，比如散货整理员。这群默默无闻工作的散货整理员大多是年龄在 35 ~ 45 岁的女性，受限于工作性质，她们较少与其他部门同事交流。

（1）让散货整理员从幕后走向台前。接入腾讯乐享后，宜家深圳商场借助“人才嘉年华”活动，对散货整理员做了一次全面介绍，不仅让公司其他员工真正认识到了这群人的可爱之处，还让这群散货整理员大姐深刻感受到自己在宜家的存在感，真正觉得自己成了企业的一员。

（2）搭建员工展示自我的舞台。宜家深圳商场在腾讯乐享中发起主题为“员工才艺展示——收散货比赛”的报名活动，并通过手机端向全部员工进行推送。根据员工报名情况，将员工分成专业组和业余组进行比赛。比赛结果出炉后，接受员工活动投稿，并通过腾讯乐享进行全员推送。员工可以对活动进行评价、讨论。

通过这场比赛，企业员工更加能理解散货整理员大姐工作的专业和辛苦，从心底理解和敬佩这群可爱的人。不仅如此，这次活动还让“散货天团”的大姐热爱上使用腾讯乐享与同事沟通互动。通过腾讯乐享，宜家的企业文化在兼职人员之中也得到了快速的传播。

六、创新沟通方式，推动企业文化落地

（1）推倒企业内部沟通的墙，打通自下而上、上下结合的沟通渠道。企业微信为腾讯乐享提供了一种很好的员工信息交流方式——论坛。员工都可以在论坛中进行交流切磋，激发思维，分享自己在工作或生活中遇到的各种问题。

（2）多场景应用方案让活动组织更便利、信息触达更有力。打通线上“活动创建—活动报名—活动分享”的闭环，活动举办更便捷，活动宣传更有效，文化沉淀有保障。

七、应用场景多样，企业文化有温度、可感知

企业在发展初期，可能需要依靠人、依靠感情。随着企业规模的扩大，为满足企业规范管理的需要，企业会不断完善自身的制度、流程，实现企业有序、平稳的发展。但随着企业的不断发展壮大，大规模企业尤其是优秀企业的发展将更加依赖企业文化的支撑与推动。

以打造一站式企业社区为目标，利用腾讯系强大的沟通联系能力，企业微信与腾讯乐享将成为推进企业组织文化建设、丰富员工文化生活、促进员工交流分享的最好落地的平台。在企业微信的推动下，企业文化根植员工理念，员工对公司活动反馈积极、及时，公司时刻保持活力。

客户评价：

乐享是宜家针对中国宜家所有员工共创的一个平台，我们鼓励不同的想法、特别的尝试，打破一些固有的思维模式，也许能迸发出更多为顾客服务的思路。

——宜家零售中国企业沟通总监 沈雁

生产制造行业应用案例

案例五

立讯精密：

数字化转型加速企业智能制造

面向生产制造全过程、全产业链、产品全生命周期，实施智能制造等重大工程，支持企业深化质量管理与互联网的融合，推动在线计量、在线检测等全产业链质量控制，大力发展网络化协同制造等新生产模式。

——《关于深化制造业与互联网融合发展的指导意见》

立讯精密工业股份有限公司市值突破 1510 亿元，拥有 78000 多名全球雇员，执中国连接器行业之牛耳。

立讯精密工业股份有限公司（以下简称“立讯精密”）作为我国连接器行业的龙头企业，2010 年在深圳证券交易所成功挂牌上市（股票代码：002475）。自上市以来，其营业收入年复合增长率达 50%。

企业生产规模的急剧壮大，服务范围、应用领域的迅速扩张、员工人数的不断增加，都对企业的信息沟通与经营管理提出了更高的要求。同时，在制造企业数字化转型的浪潮下，立讯精密也在积极思考如何借助新技术、新设备、新应用以及专业、年轻并富有激情的执行团队，实践智能生产的顶层设计理念，成为“中国制造 2025”强国战略的行业领导者。

一、企业数字化转型需要打通三大连接

从传统制造向智能制造跨越，目标很明确但多数企业无从下手。究其原因，制造企业数字化转型过程中普遍存在沟通管理难、信息不同步、业务提升慢的问题。因此，立讯精密在数字化转型过程中势必需要打通三大连接。

（1）**连接人**。日益激烈的市场竞争环境，要求沟通管理加快速度，提高效率，要求员工管理成本更优。

（2）**连接业务**。爆炸式增加的业务需求，要求订单处理更省事、更省时、更省力。

（3）**连接数据**。瞬息万变的市场机遇，要求数据分析更深入、更广泛，决策更快速。

二、邮件提醒功能让信息处理更及时

电子邮件由于其具有可添加附件、信息传递速度快、内容可长期保存等一系列特点，一直作为立讯精密对内沟通和对外交流的重要手段。但传统企业邮箱由于其传输形式的单一化，导致用户无法高频率使用，并且每天有大量的邮件往来，员工一不留神就容易错过重要邮件，导致工作延误或与大客户失之

交臂。如何方便员工随时随地收发邮件，提高邮件处理的准确性和时效性成为困扰立讯精密的难题。

邮件收发有提醒，重要信息不错过。企业微信邮箱的上线，成功帮助立讯精密解决了邮件沟通的难题。不用专门安装邮件App，只需将企业微信与邮箱关联结合，员工就可在企业微信中进行往来邮件的处理，免去了下载客户端和每天登录邮箱的麻烦。

企业邮箱还为用户提供了邮件提醒功能。新邮件到达，企业邮箱会自动提醒用户，点击信息，直接查看邮件内容，回复、转发邮件统统不错过，邮件处理速度明显加快，重要信息绝不遗漏。

同时，得益于腾讯大平台的可靠性，企业微信的性能良好，运作高效，利用企业邮箱和通讯录的查找功能，查询速度比过去自己手动查找的速度快了两三倍，邮件使用感受更舒适（见图1）。

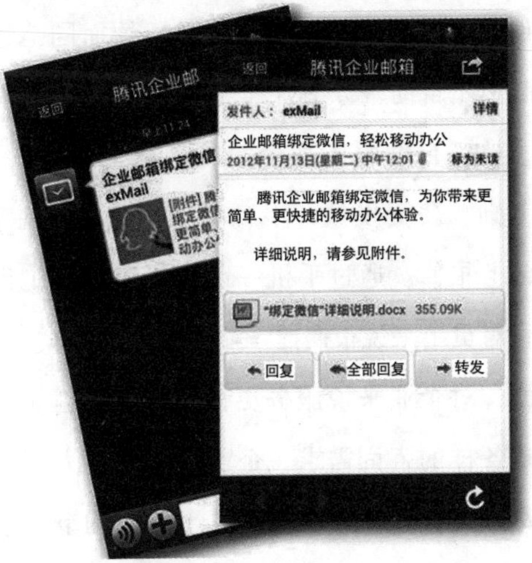

图1　企业邮箱

三、员工自助服务让员工与企业双赢

不知道怎么修改项目工作平台的流程；

不知道出差时酒店住宿标准是什么；

不知道怎么关闭谷歌浏览器的弹窗拦截。

在员工日常工作中时常会遇到各种各样的问题，或关于人事考勤，或关于差旅报销，或关于 IT 服务……员工经常苦恼该向何处咨询，或者抱怨反馈的问题迟迟得不到解决。与此同时，在企业后台还会出现另外一种场景，后台职能人员每天被不断的咨询电话困住，日常工作进展缓慢。

以往员工没有获取了解服务的渠道，会直接电话咨询有关部门。对于几万人的企业，即使只有小部分人打电话也会有很高的咨询量，后台部门工作量繁重，员工体验往往还很差。

对此，包括立讯精密在内的企业都不约而同地选择在企业微信上建立起员工自助服务平台（见图2）。

一方面，员工自助服务平台涵盖了员工服务的方方面面，包括个人的考勤、薪资发放，小到员工宿舍里有东西损坏了，也可以在平台上报修。通过手机一键就能解决与工作相关的各种大事小事，对员工来说很便捷。

另一方面，对企业来说服务更简单，成本也更低。过去为应对员工各式各样的咨询需求，企业需要设置大量后台职能服务岗，十分费时费力费钱。现在，员工关心的事都能自行在一个统一平台上去查询，后台服务人员可以从中得到解放，员工对企业自然也会更信赖。

图2　员工自助服务平台

四、订单自动推送让业务处理更高效

立讯精密的产品类型多元，覆盖消费电子、通信、企业级、汽车及医疗等全球多个重要领域，包括线材组装、连接器、电源线、天线、裸线等多种类型。

面对丰富多元的产品种类和遍布全球的业务网络，立讯精密建立起了规模庞大的供销系统。在供销系统中，订单员人数很多，管理很难。

将待办订单精准推送给责任人。企业微信的介入，帮助立讯精密成功利用移动互联网手段实现对传统流程优化再造，让员工的精力聚焦到核心业务上。

借助数字化的信息系统自动检测并匹配待处理账单与订单的责任人。然后，利用企业微信的推送通道，在系统内将账单和订单快速、精准地推送给责任人，并及时告知基层人员如何配合处理（见图3）。

图3　报表推送

通过任务精准推送到个人，在任务分配环节节省了大量时间与成本，提高了业务处理效率。同时，通过实时动态监测任务运行情况，把每个人的工作方式与工作效果结合起来，打造业务处理的良性循环。

五、经营报告推送让决策更科学放心

信息滞后、信息传导失真、信息不全面是企业经营决策过程中面临的普遍问题。虽然，生产制造型企业拥有丰富的基础数据，但是如何把数据用好、用活，提高数据为企业经营决策的服务价值，一直是困扰立讯精密的难题。

准确推送财务、制造、行业数据。低成本、及时高效地挖掘数据信息，反馈数据分析结果，支持管理者决策，让决策层与前线始终处在“同一频道”，这是企业微信赋予立讯精密成功的另一个动能。

不需要在手机端建立完整的ERP系统，立讯精密通过企业微信方便的集成接口，就将财务数据、制造数据、行业报告等数据都整合到了企业微信里进行推送，用最低的成本实现数据的移动化。

高层管理者通过手机就可以实时地看到经营报告、行业指标，中层管理者也可以看到日常管理关注的管理事项、关键数据（见图4）。

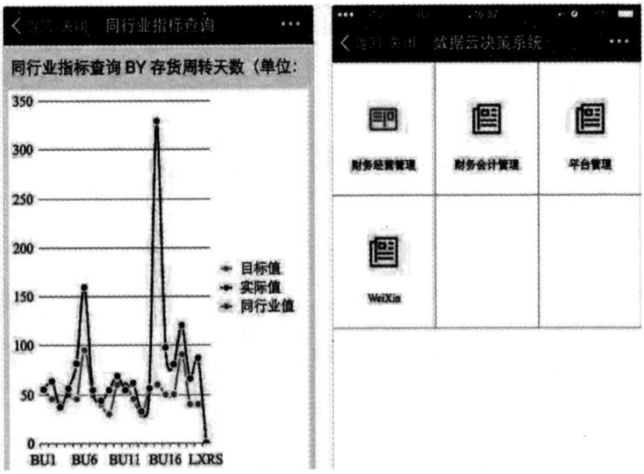

图 4　数据云决策系统

六、打通人、业务、数据全连接

（1）**企业微信让邮件沟通效率更高、效果更佳。**邮箱功能被植入企业微信，移动收发邮件，便捷高效。邮件提醒功能可以帮助员工及时处理信息，提高沟通和工作效率。

（2）**企业微信让员工服务更透明，员工、企业实现双赢。**通过搭建员工自助服务平台，员工的问题能更快得到解决，使用体验更佳，同时让后台服务部门从繁杂的日常咨询事务中解放出来，帮助企业降本增效。

（3）**企业微信让订单处理用时更短，流程更优。**企业微信的订单推送管理功能，帮助立讯精密在订单流程中实现“责任人明确、任务明确、流程进展明确、效果明确”，订单管理在员工和企业间形成良性循环。

（4）**企业微信让经营决策有据可依，管理更好。**企业微信用最低的成本、最精简高效的流程、最快的传输速度，实现了数据盘活与数据价值挖掘，让管理者能够做到对企业运营情况随时心中有数。

七、推动流程管理标准化，实现智慧生产

在生产制造企业迈向智能制造的道路上，数字化转型是基石。企业数字化转型的本质是用信息化的手段，实现人与人、人与服务、人与企业的全连接，打通企业内部的信息流、业务流、数据流。企业微信通过其强大的资源、服务连接能力，为生产制造企业数字化转型提供了一套综合解决方案。

案例六

欧普照明：

企业智慧管理搭建沟通、服务连接桥梁

> 把握第四次工业革命历史机遇，加快推动新一代信息通信技术与制造业融合发展，促进制造业数字化、网络化、智能化发展，已成为推动传统制造业转型升级、培育壮大新动能、抢占未来制造业竞争制高点的重要路径。
>
> ——工业和信息化部副部长 陈肇雄

中国照明行业标杆的整体照明解决方案提供者；

入选“中国照明电器行业十强企业”榜单首位；

成为50多个国家的本土化合作伙伴。

欧普照明成立于1996年，经过20多年的发展，已经成为一家集灯光照明、艺术开关、厨房卫浴、集成整装为一体的全产业链的大型上市企业。作为照明行业标杆的整体照明解决方案提供者，欧普照明坚持以照明应用为核心，在智能时代积极布局各个核心领域，参与各大平台生态，打造企业智慧照明生态圈，引领行业发展。同时，企业也在积极思考在新时代、新形势下，利用物联网、人工智能、云计算等新技术提升企业内部管理能力和业务运营效率。如何借助新技术成就自己的一番事业成为企业面临的重要问题。

一、欧普照明高速发展面临的三大考验

1 亿元的生意 100 人能完成，2 亿元的生意如果还需要 200 人来完成，那么这做的不是企业，只是用人累积出来的生意，壮大的也只是企业营收规模，而非企业的竞争力。企业规模的发展壮大，员工数量的不断增长，对提升企业竞争力提出了三大考验。

（1）**如何提高信息沟通效率？**营销网络的扩张，沟通需求的增加，需要更加安全、高效的信息交流平台。

（2）**如何打造精简、高效的内部管理系统？**办公管理跟不上业务需求，审批流程耗时太长。

（3）**如何提高生产品质和效率？**制造企业关注生产环节的设备运行情况，需要掌握实时生产情况，及时发现问题。

二、随时随地可靠、高效地收发邮件

从 2000 年开始，欧普照明便开始布局国内线下渠道，建立全国性的专卖体系，现在已拥有各类渠道终端销售网点 10 万多家，同时积极拓展中东、南亚、南非等海外市场。覆盖全球的销售网络和不断壮大的员工队伍对安全、快速、高效的沟通管

理提出了更高要求。

绑定企业邮箱，收发邮件和聊天一样简单。企业邮箱的引入让员工随时随地收发邮件成为现实(见图1)。开通企业微信后，员工登录企业微信即可自动绑定邮箱，通过移动端的企业微信就能进行邮件收发操作，办公效率大幅提升。专属域名的企业邮箱可为邮件收发的真实性和安全性保驾护航。并且，企业全体员工统一使用企业邮箱进行邮件发送，进一步提升了企业形象。

图1　企业邮箱功能

通过微信实时提醒功能，邮箱的使用率大幅增加，加快了企业信息化建设的发展进度。同时，企业邮箱与微信、QQ、企业微信的整合进一步提升了员工的使用体验。

三、小成本满足移动办公需求

虽然移动端已经成为人们生活的一部分。但是不少员工在处理工作业务时依旧需要打开 PC 端电脑，才能处理工作。这种所谓的移动办公就是带着电脑出门。这样的问题也同样困扰过欧普照明：数字经济时代如何满足员工移动办公的需求？过去，欧普照明计划做一个汇总全部审批的移动平台，但光平台采购费用预估就需要花费 60 万元。如何通过最低的成本快速打造一个安全、高效的移动办公平台是摆在欧普照明面前的难题。

低成本又好用的移动审批。企业微信为企业提供了一个非常方便的入口。对于企业来说，以前企业拥有的多种应用，企业微信出来以后可以一网打尽。它成本非常低，不必担心手机平台版本升级。通过企业微信，欧普照明实现了多种移动办公需求，节省了 60 万元的开发成本。

借助企业微信对已有系统的集成能力、消息推送能力，欧普照明以极小的成本就实现了包括提交申请、待办提醒、一键审批、已办查询的完整审批办公移动化，极大地降低了审批成本（见图 2）。

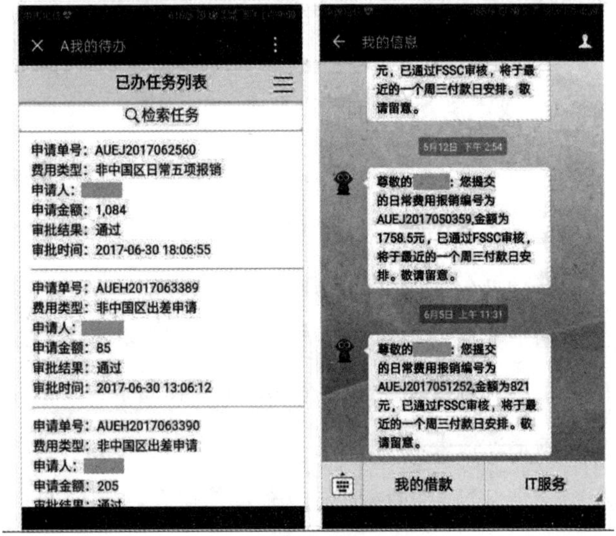

图2　移动审批功能

四、线上玩转企业内购会

生产制造企业常会将企业的产品当作福利发放给员工，或者提供内部价格。比如，卖服饰的企业会在每季度末尾将一些库存的服饰通过内购会的形式折价销售给企业员工，卖奶粉的企业每月为员工提供在限额内用内部折扣价买奶粉的服务……欧普照明过去也时常组织企业内购会，将部分灯饰折价向员工销售。但由于通知不到位等原因，部分员工错过了企业内购会。并且在福利发放后，以往企业需要安排专人来核销商品是否已被领取、是否超出限额等。员工领取福利需要登记甚至需要排队等一系列问题，使得福利效果大打折扣。

产品内购玩出新花样。现在欧普照明将内购平台放到企业微信上，员工在线选择、下单，在线购买、核销，员工和企业都更省心。企业可以通过企业微信对内购会和福利产品进行提前宣传，提高消息的触达率（见图3）。员工通过在线自主选择和下单省去了来回去内购会现场折腾的麻烦，员工体验更优。同时，通过企业微信后台自动核销结算省去了企业产品、资金管理的麻烦，节省了企业成本。

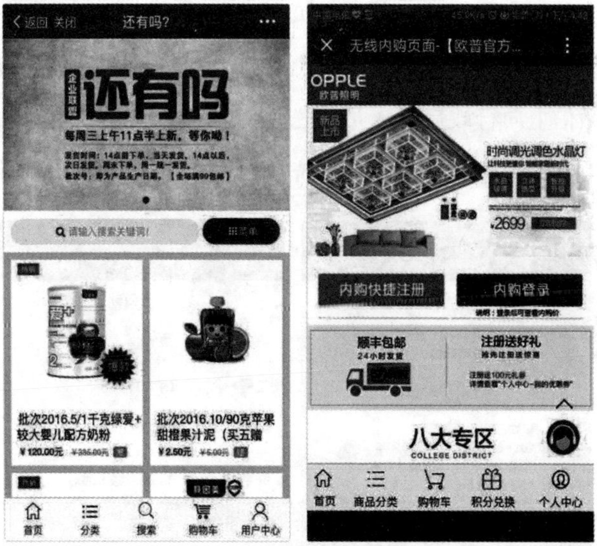

图3　企业线上内购会功能

五、驻外员工不再担心酒店预订

欧普虽然有自己的欧普酒店，但驻外的人员也需要自己通过电话预订酒店。由于不能随时自由查看哪些酒店可用，员工在酒店选择上往往会耗费大量的时间。同时，因为酒店预订后也不能随时查看订单消息，在实际入住时员工也经常碰到麻烦。出差结束报销时，员工时常因为发票、住宿费用超过标准等问题与财务人员发生争执……不合理的流程带来的是高运营成本和员工的低满意度。

线上自主预订酒店省时省力。这些问题在欧普照明将酒店申请客房预订集成到企业微信后都得到了解决（见图4）。通过企业微信酒店预订的小程序，员工在移动端就能在线自主预订酒店，员工出差更加方便。在酒店预订成功后，系统会自动在企业微信上向行政后勤人员发送房间预订信息，极大地减少了行政人员的工作量。同时，系统会根据员工的姓名和工号自动

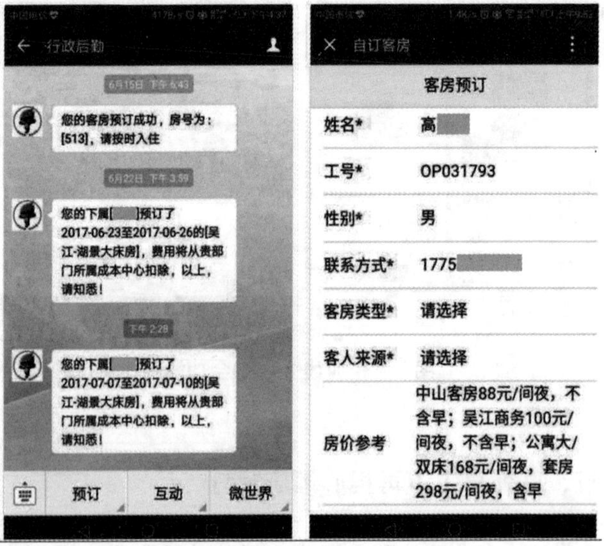

图4　在线酒店预订功能

确认住宿费用归属的部分，为企业成本核算提供便利。如果员工忘记了之前的预订信息，可随时通过手机进行查询，为入住提供方便。

六、打造高效、高质运转生产线

过去，企业生产运营只能通过巡检传统图表与数据仪表盘等人工方式进行监察，不仅需要投入大量的人工成本，效果往往还不好。不仅如此，相比传统工厂管理模式，如今企业更关注品质和效率。如何通过更生动、更友好的形式实现隐藏在庞杂数据背后的业务洞察，便捷地掌握实时生产情况，保证生产线高效、高质运转，都是如欧普照明一样的制造企业在生产环节非常关注的问题。

车间生产数据实时查看。欧普照明利用企业微信将车间运行情况转换成可视化展现的数据。通过在企业微信里创建车间看板应用，将所有操作设备的数据都上传到应用里，既可以实时监控各个车间的平均效率、完成率、产量、良品率，也可以查看历史数据进行对比，提高科学判断和科学管理水平，有效地保证了生产质量和效率。

七、企业微信让欧普照明生产运行更顺畅

（1）**企业邮箱让沟通更安全、更便捷。**随时随地通过手机收发邮件，连接覆盖全球的营销网络体系和数量庞大的企业员工队伍，建立完善的沟通和服务体系。

（2）**移动办公让工作更高效。**利用企业微信的系统集成能力，搭建完整的移动办公和员工自助服务系统，提高办公效率和员工体验感。

（3）**数据看板让员工对生产情况心中有数。**通过企业微信的车间看板应用，员工可随时掌握车间运营数据，生产决策更科学。

八、改革内部管理，提高生产效率

欧普照明在互联网技术浪潮下，积极拥抱互联网，引入企业微信，运用数字化技术进行管理上的高效率变革，在市场个性化需求的驱动下，前瞻性地储备核心技术能力，显著提升生产制造的效率，并借助数字化技术实现经验的数据标准化，引领着整个行业的创新。

案例七

长安汽车：

打造制造业数字化转型标杆

微信普及以后，大家不自觉地用微信办公，生活和工作 7×24 小时被绑定在一起，我们急需一种产品让工作和生活得到分离，产品需求是比较旺盛的。

——长安汽车总裁助理 胡朝晖

长安汽车是最早使用企业微信的企业之一。这个决策伴随着争议：当长安汽车决定使用企业微信时，同行以为这个方案的提议者、长安汽车总裁助理胡朝晖“疯了”。

作为中国汽车四大集团阵营企业，长安汽车在全球拥有 16 个生产基地、35 个整车及发动机工厂，员工数量近 10 万名。面对规模如此庞大的员工队伍，选取何种沟通软件，对长安企业和软件提供方都是巨大的挑战。

但一年多的实践证明，长安汽车在沟通、决策、组织能力和执行效率方面都得到了大幅提升。企业微信成为长安汽车探索制造业数字化转型的好助手。

一、企业发展面临三大创新需求

在长安汽车探索数字化转型，打造世界一流车企的过程中，企业发展将面临三大创新需求。

（1）**沟通创新**。加快外部信息响应速度，提高专业沟通能力。

（2）**管理创新**。打造扁平化组织，提升内部信息流动效率。

（3）**经营创新**。提升消费者服务体验，提高客户转化率。

二、无须培训，快速上手与推广

微信普及以后，大家不自觉地使用微信办公，虽然在一定程度上提高了工作效率，但生活和工作 7×24 小时地被绑定在一起，让员工觉得个人生活受到了打扰。长安汽车尝试对二者进行划分，但结果往往是又重新回到微信办公。同时，近 10 万名员工中，多为一线低学历的操作工人，更给沟通工具的选择带来了压力。

用户迁移零成本，沟通场景更多元。企业微信作为一个既可以沿袭用户对微信的使用习惯，又能满足工作需求的产品，成为长安汽车的不二之选。在推行企业微信的过程中，基本不需要再对员工进行培训，他们就可以直接上手。接入企业微信的第二天，长安汽车就完成了数万人从微信到企业微信的迁移。

三、在线沟通，敏捷处理一线反馈

过去，当经销商遇到问题时，只能采取单线沟通模式，由经销商逐一与车企各个部门联系，寻求技术支持。经销商沟通的工作量巨大，以前解决一个问题平均耗时 2 ~ 5 天。如果中间的任何一个环节出现了问题，都会延长问题解决的时间。

经销商线上反馈与讨论问题。现在长安汽车利用企业微信搭建了自己的专属应用“轿车 QTM”，经销商问题反馈处理耗时被缩短为 0. 13 天，即在 3 个半小时内就可以解决经销商遇到的问题。在长安汽车自建的企业微信应用“轿车 QTM”上，经销商可在移动端向主机厂提交各类问题反馈，处理人可在应用中共同讨论处理方案。各个处理人共同讨论方案，迅速解决问题。

以往经销反馈的问题都是由区域人员收集的，然后通过 OA 系统进行上报解决，处理的平均时长约为 2. 13 天；现在，经销商可以直接通过企业微信上报问题，并且只要问题在一天之内未处理，就会上升至副总经理及总经理督办，平均时长降至 0. 13 天，效率提升了 1538% 。

通过“轿车 QTM”等应用，企业实现了信息共享、管理透明化，管理层的决策也更加高效。

四、管理扁平化，员工更满意

长安汽车以往的职能型组织架构，是按照在组织中所承担的职能来组织工作活动的，将业务性质相似、所需要的业务技能相近的工作任务组合在同一个部门中。因为职能型直线设计的特点，加之受职能岗位和专业分工的影响，长安汽车各部门间横向沟通协调困难。而且，此前长安汽车决策靠流程驱动，通过 OA 系统一层层往上申请或向下传导，业务运行效率十分低下。

丰富沟通手段，增强信息流动。现在，利用企业微信工作群、音视频会议沟通机制等，长安汽车各部门上下级之间的关系更密切，组织变得更加扁平化，沟通效率大大提升。

接入企业微信后企业管理流程被压缩，能够快速审批、决策，参与者也可通过自建应用“微信圈”讨论细节。现在每个层级一个微信圈，问题停留时限超过 1 天，到时会自动升级到更高一级甚至到副总经理及总经理。总裁可以看到问题的解决进度，到了哪里、谁在处理，完全透明。

同时，企业微信的引入使得管理更加扁平化，每个人都能通过企业微信对话高管。比如，在企业微信开通的第一天，工厂一名女员工通过企业微信写邮件给董事长，问能不能多设几个母婴室，因为该工厂又多了几名新生儿，女员工觉得母婴室偏少。董事长将这封邮件截图发到微信圈，工会马上去工厂调研，最后为该工厂多开设了母婴室。

五、“一对多”咨询平台，服务不等待

传统的咨询模式，无论是面对面交流还是电话沟通，都是

“一对一”进行的。伴随着企业的不断发展，客服部门的压力会越来越大。当需要咨询的用户数量增多时，难免会出现排队拥挤的现象，使得用户的体验变差，进而可能造成现有客户或潜在客户的流失。

客服云在线，顾客不流失。长安汽车在处理关于消费者拨打客服电话，等待时间长的问题时，另辟蹊径，抛弃传统的“一对一”模式，借用企业微信开发“云店客服”应用，降低时间成本，将客服带入“一对多”的2.0时代。

消费者通过留言的模式，在服务号上向长安汽车销售顾问提出问题，“云店客服”应用将企业微信与服务号客服能力打通，销售顾问可通过企业微信直接回复收到的咨询。客户大部分的疑问，都可以通过这样的方式解决。这样不仅避免了相对量远少于客户的客服人员被无交流的思考时间占用，还提升了线索抓取与转化效率。

六、丰富应用，满足不同需求

如何将企业原先的业务应用集成到新的操作系统，如何通过外部团队在新系统中快速高效、低成本地定制开发满足企业个性化需求的应用，让长安汽车过去在选择办公系统时犯了难。

自有+定制，满足多元化场景需求。在应对多种多样的需求时，企业微信丰富的应用生态和强大的开放连接能力成为长安汽车业务发展的制胜法宝。企业微信自带以及第三方提供的应用已经非常丰富，企业在使用的时候可以按需选用。比如，长安汽车目前在用的问卷星，便是由企业微信的第三方合作伙伴提供的。“长安汽车日常有很大的信息调研需求，自己以前也做过调研系统，但效果都不怎么理想。现在用企业微信里的这个功能，可以直接在微信上开展调查，非常方便。”

与此同时，企业微信向开发者开放了 API，这也使得企业微信的应用生态有了更为广阔的想象空间。长安云店就是长安汽车在企业微信上应用的一个案例。通过长安云店，客户可以看车、选车和预约试驾，想对一款车增进了解时，点击车辆旁边按钮即可咨询销售顾问。销售顾问会在企业微信收到客户问题并在第一时间解答，带来转化率和销量的提高。

七、满足企业沟通、管理、经营创新三大需求

长安汽车实现了多方面的效率提升，包括沟通效率、管理效率、执行效率等。

（1）**提升沟通效率。**企业微信覆盖了长安汽车各类沟通场景，在效率提升领域发挥了巨大价值

（2）**管理创新，业务运行更高效。**企业微信帮助长安汽车从职能型组织架构向扁平化组织架构转变，充分发挥群体智慧，提升组织运营效率。

（3）**多元应用满足多场景需求。**企业微信让长安汽车实现从以产品为中心向以客户为中心转变，快速响应客户需求，提高企业经营效益。

八、加强开放连接，提升企业管理效率

“让专业的人做专业的事。”企业微信强大的信息连接、价值连接、生态连接能力，让长安汽车以最低的成本、最快的速度，实现信息共享、管理透明化，管理决策高效，以及企业沟通效率、决策效率和执行效率的大幅提升。

案例八

史丹利百得：

数字化一站式社区助力传统制造业工厂焕发新活力

> 企业文化要内化于心，让员工对企业的文化和精神有发自内心的认同，通过这种认同感让他们安心并充满自豪地服务于企业和客户。而企业的文化建设又是企业发展壮大的内在驱动力，打造优秀的企业文化是获取并留住人才的重要因素。
>
> ——佳能股份有限公司副总裁、执行董事 小泽秀树

创立于1843年，经过177年的持续发展，史丹利百得已经成为一家集设计、研发和制造为一体的世界一流的工具设备制造商，销售网络遍布130多个国家和地区，为整个工业市场提供了数以万计的新产品。2018年，企业综合年收入达140亿美元。

然而，企业的发展壮大，除了带来营收规模的扩张、业务领域的丰富、员工人数的增长，也给企业内部运营管理与企业文化建设带来了更大的挑战。如何在“互联网+”时代利用不

断推陈出新的数字技术与工具，搭建互联网式知识社区，激发员工活力，助力企业腾飞，成为摆在史丹利百得面前的考验。企业微信与腾讯乐享的引入不仅帮助企业沉淀知识、移动学习，还帮助企业传递信息、传递温暖，使企业文化氛围更加浓郁。

一、文化建设与知识沉淀的四大阻力

商业环境的快速变革，新技术、新模式、新业态不断涌现，为企业内部沟通、知识管理、培训学习、文化建设都带来了新的挑战。

（1）**信息传递有壁垒**。向车间生产工人传递信息没载体，员工内部沟通没渠道。

（2）**知识资产流失**。人员流动，经验沉淀无从谈起；知识零碎，没有逻辑不成体系。

（3）**员工成长滞缓**。企业内部学习氛围不强，员工移动学习有阻碍。

（4）**企业文化难落地**。企业活动参与度低，影响力小，企业文化与员工连接触点少。

二、信息传递更便捷

制造类企业的岗位构成中，普遍以车间生产工人为主，受限于工作性质，他们基本不会使用电脑办公。因此，现代化的信息传播方式在车间的应用一直受阻。

史丹利百得作为制造类企业，同样面临着车间信息传递的难题。公司生产工人的占比超过90%，通过邮件和公告牌传递新闻、假期通知、活动信息、流程表单等。由于生产工人没有公司邮箱，每次行政文员打印公司邮件内容粘贴到车间公告牌，并在微信群内提醒班组长及生产工人查看，少则几小时多则几天。

工作信息及时传达到生产工人。车间信息传递的难题在腾讯乐享上线之后立刻得到了回应和解决。

作为一家百年品牌的制造业工厂，2018 年 6 月，史丹利百得利用腾讯乐享，成功上线了企业数字化管理平台（见图 1）。平台刚上线的时候，企业只是抱着试一试的心态引入了线上流

图 1　腾讯乐享功能界面

程表单查询与处理功能，并同步推送了操作指引。流程表单操作指引一经发布，就迅速在公司各个工作群里面传播开来。生产工人通过手机就能自己线上学习掌握流程表单的使用方法，并实时查看流程进展情况，使工作效率大幅提高。

三、知识沉淀有保障

企业在生产运营中会形成大量的文件、制度以及有价值的信息。但过去，由于没有统一的文件管理库且文件多通过社交媒体进行传输，类似于微信这类软件传输存在时限，造成未及时留存而文件失效或再次寻找费时费力等问题。

知识沉淀的问题也一直困扰着史丹利百得。企业每个部门存在着大量的微信群，通过群聊分配任务、反馈异常、跟进项目等，但这些材料既无法快速引用，也无法长期保存。

沉淀好知识、好经验，随时随地学习调用。腾讯乐享的知识库功能一上线，就立刻成为汇聚公司智慧、经验、知识的知识管家。在这里员工还可以看到公司内各个领域的专业知识分享，可以看到行政 HR 发布的红头文件、福利政策、公司新闻，更可以一键轻松地将知识分享给其他人。腾讯乐享除了基本的格式编辑工具，还支持超链接、上传图片、Word 导入、插入视频、音频等功能，帮助企业全方位沉淀各类型的知识。

利用腾讯乐享的知识库，史丹利百得的员工再也不用担心文件过期和文件查找困难的问题。各类优秀的知识、技术、经验都能轻松沉淀下来，相关员工的工作效率得到提升。

四、移动学习成现实

随着企业的扩张，内部培训也越来越多，比如，新人培训、经验分享、技术学习等，但线下授课内容无法沉淀，新来的同事不能使用学习功能，培训成本高、组织困难等问题也更加突出。不仅如此，知识、流程制度在快速更新，如何利用数字化的技术实现员工移动学习，是史丹利百得打造学习型组织需要跨越的重要难关。

支持移动学习，增强学习氛围。利用腾讯乐享的知识管理和培训学习功能，史丹利百得用更低的成本解决了更多员工随时随地学习的难题。

（1）营造轻松活跃的学习氛围。史丹利百得在乐享里上线了流程表单、办公达人、涨涨姿势、技能大赛等知识库，引导公司员工在乐享中“有事搜一搜，没事看一看”，让学习流程表单、办公软件等更有温度。同时，发起“点赞有礼，再忙也要给学习找点赞”、“H5 大赛”，线下内训师公开课和线上点赞有礼同时引爆，短短 24 小时内 29 个回答，收获了 3600 人次访问量、2115 次点赞，企业内部学习氛围更浓厚。

（2）随时随地满足移动学习需要。腾讯乐享的上线，让员工再也不用担心因为出差或者电脑不在身边就无法学习。比如，“工资条”无纸化应用的迅速普及让员工和企业都深刻感受到了移动学习的便利。为了让生产工人快速学会使用，史丹利百得通过腾讯乐享推送“请看好你的工资”文案，短短几小时内阅读量就超过4500人次，生产工人纷纷点赞并评论“非常方便，私房钱不好藏了”。

（3）丰富学习内容，生活常识也不放过。除了学习日常工作相关的专业知识外，2019年，史丹利百得还通过乐享向全员推送了“一懂三会”有奖问答（见图2），向全员宣传“防火安全，重于泰山”，在线提交答卷后喜提红包，员工通过乐享学习和掌握消防知识，体验到学习的方便快捷。

图2　消防知识学习

五、活动影响更广泛

为了增强团队凝聚力，增进员工之间的交流与联络，企业时常会组织各式各样的俱乐部活动，比如，长跑徒步、羽毛球、舞蹈等。但由于工作忙碌、出差在外、员工个人兴趣爱好、特长限制等原因，这些活动往往只有少数人参与其中。同时，由于活动宣传推广方式单一，活动精彩瞬间常常只停留在少数人的朋友圈内。大多数员工不知道如何加入俱乐部及报名参加活动，更无法通过围观点赞感受到公司团结协作、热情的活动氛围。

（一）企业活动更丰富

在满足与日常办公有关的信息发布、知识沉淀等功能后，史丹利百得又上线了腾讯乐享的活动功能，帮助打造富有激情、充满活力的企业文化。

2018 年，企业初试牛刀，发起了休息区“无间道”、月趣中秋、谁“羽”争锋、今餐有约、班车预约、公司派车等丰富多彩的活动。利用乐享活动灵活、简便的优点，史丹利百得在平安夜“嗨起来，今夜惊喜从天而降”的文案里植入了“圣诞消消乐”游戏，并轻松地将公司标志、Craftsman 电钻及百得吸尘器融入游戏画面中。轻松、愉悦的活动形式不仅吸引众多员工参与其中，更让员工进一步增进了对公司产品的理解。

2019 年，乐享活动线上线下齐发力。针对不同的节日、不同的主题，发起了各种各样的企业活动。比如，情人节甜蜜福利“听情歌，赢好礼”“输入口令，一起抢爱的红包”“超级奶爸颁奖典礼”，回味年会“超级奶爸阵线联盟”可爱到犯规的背景照片，“共植美好百得”“坚持无纸化办公，我们一起努力”，世界水日“一个都不能落下”的节水提案活动，2019 深圳市光明区半程马拉松比赛和 2019 松山湖 50 公里徒步比赛……

（二）员工互动更积极

除了增加活动的数量，如何把活动办得更精彩、更有趣，如何吸引更多同事参与，活动策划者可谓绞尽脑汁，设计各类型的活动方案。

受到朋友圈和微信群各类拼团、砍价、火车票助力、评选投票等活动的启发，史丹利百得的员工利用腾讯乐享的活动功能成功地将这种活动思想迁移到企业举办的员工活动中。其中，最具代表性的案例就是公司定制“杯具”的投票活动。为了公司定制的 10 个“杯具”，29 个参与的同事动员了近千名员工在乐问里疯狂、卖力地点赞，活动热闹非凡。

（三）企业活动覆盖面更广

不仅通过点赞赢取公司定制奖品的活动大受欢迎，史丹利百得还动员全员内部“推荐有奖”解决公司春节后的用工荒，宣传“智悦非凡，一路向心，焕新出发”新年盛典倒计时、节目单、现场盛况等，让全员都有机会参与到公司的活动中来，充分感受公司热情、活跃的文化氛围。

此外，“女神节：岁月静好，美如初遇”活动，企业运用了乐享的大屏幕功能展示花艺培训与彩妆教学扫码签到，发布活动、报名签到及精彩瞬间推送，没有时间参加活动的同事们纷纷为参赛的队员们热情点赞和打赏，为公司活动圈起了众多的疯狂粉丝。

六、员工关怀有温度

制造类企业底层员工数量众多且流动性大，如何通过加强员工关怀吸引员工、留住员工、激发员工热情，是企业发展必不可少的一环。

过去，由于企业内员工数量众多，无法给予每位员工充分的关怀，或者只是简单地采取发放节日津贴、生日红包、标准化的祝福卡片等形式，员工关怀缺乏差异化、个性化，员工关怀不及时，导致员工在企业无法获得温度感、归属感和安全感。

节日祝福更有仪式感。在腾讯乐享的系统后台，就可批量录入、编辑、删改员工生日/入职信息，并配置生日/入职推送规则，不错过每位员工的生日祝福。同时，史丹利百得通过乐享的祝福应用在员工生日当天派送礼物，增加了生日的仪式感。并利用自建祝福模板的方式，新增了总经理亲自手写的生日祝

图3 女神节祝福卡片

福贺卡电子版。女员工们还在女神节收到了贺卡（见图3）和参与了插花与彩妆活动，纷纷情不自禁地在朋友圈晒图分享这份关怀与喜悦，惹得男同事们一阵羡慕、忌妒。

七、定制化应用，建立一站式专属社区

企业微信与腾讯乐享一经上线就在史丹利百得得到迅速推广，并获得员工的无数好评。不到一年的时间，总访问次数就突破28万，文档数量超过1000份，举办活动数量超过50次。

通过在腾讯乐享植入随时查看的流程表单，有工匠精神的技能大赛，能搜索分享的知识沉淀，可互动点赞的企业活动，有温度的员工关怀……史丹利百得建立了工作、学习和生活的一站式企业社区，让公司数字化平台成长得更有温度、更亮丽。2019年，史丹利百得通过乐享线上宣传互动、线下纷呈活动，大力推广公司俱乐部文化宣传的落地，发布活动、报名签到、发布文档分享精彩高光瞬间，对员工的各类假期关怀更有温度，真正达到暖入人心。推广深度使用课堂培训，助力企业打造学习型组织。

八、用社区思维培育无形的文化影响力

企业文化既需要有声的传达，又需要无声的影响。利用企业微信优化企业经营管理，利用腾讯乐享通过打造一站式企业社区，满足企业在内部沟通、知识管理、移动学习、文化建设等方面的多元化需求，让一家传统的制造业工厂在企业文化落地时焕发出蓬勃生机，助力企业数字化转型。

农牧食品行业应用案例

案例九

贝因美：

业务与管理流程数字化，快速响应市场需求

> 我们打算把工业生产的全链条数据和企业微信打通，未来通过企业微信里的小程序平台就可以随时掌控生产流程每个环节。
>
> ——腾讯董事会主席兼首席执行官 马化腾

A 股首家以配方奶粉为主业的上市公司；

品牌价值超过 145 亿元人民币；

在海内外拥有 8 家生产基地；

分销门店逾 80000 家、门店导购人员超 15000 名。

初创于 1992 年，经过 20 余年的高速发展，贝因美已成长为一家集研发、生产、销售于一体的孕婴童产业综合运营商。母婴店数量和商超渠道快速增长，员工队伍迅速扩大。业务的蓬勃发展在带动贝因美的市场占有率节节攀升的同时也对企业的运营管理效率提出了更高的要求。

一、内部运营管理遭遇三重压力

员工人数多、门店范围广、运营数据多，零售行业的三座“大山”给贝因美的内部运营管理带来了巨大压力。

（1）**信息传达有压力。**供、产、销环节管理分家，中端与后端生产、供应与前端销售信息不同步，顾客收货没保障，内部产品管理没抓手。

（2）**销售推广有压力。**非系统化管理模式使企业不能了解客户需求并进一步得知客户下一步的购买偏好，销售业绩提升困难。

（3）**业务管理有压力。**传统 OA 系统造成内部管理成本高、信息不流畅、流程审批慢等问题。

二、供、产、销一体化，货物供应有保证

贝因美供、产、销分开管理时，销售端店面导购不知道具体库存情况，公司公众号上无法实时更新，因此，虽然经常有顾客订礼盒，但顾客拿不到产品的情况偶尔会发生。这不仅会降低企业客户满意度，频繁出现的话还会影响公司形象。

贝因美之前所使用的公众号是贝因美对外宣传和销售的重要渠道，方便顾客了解和选购相关产品。但公众号对产品无法进行内部管理，库存信息不能及时互通，导致销售人员对库存掌握不到位、各代理或门店之间不能实现产品库存的即时互通，管理者对最新热卖产品的情况不能实时掌握。

企业微信连接供产销，保证供应顺畅及时。企业微信的安装对于贝因美内部管理来说有着重要意义。企业社交不仅能够使企业内部信息及时互通，还能将企业微信和公众号打通，既能解决内部信息及时互通的问题，又不影响产品在公众号的展示与销售。

三、业务流程数据化，效率提升有保障

在贝因美公司原有经营规模下，为保证业务流程的真实、准确，公司会将业务交到对应区域的服务站点，站点业务员去找门店签货物协议的时候，是去店里面跟老板谈，拿着纸质文件谈好，回来审批盖章。交易小票收上来，完成所有工作后再邮寄给财务审核。这种流程虽然能在各个环节上对业务把关，但实际上严重影响企业的业务效率，使企业在无形中增加损失。同时，随着企业规模的不断扩增，业务范围不断扩大，需要企业考虑的人力成本、管理成本、企业管理整体出现差错的概率等也随之增加。

业务流程数据化，提高整体工作效率。在公司现有经营规模的基础上，贝因美公司给外部业务推广人员做了专门的应用，业务员可以通过企业微信查看交易数据信息，解决门店供货协议签订。

现在企业可以将协议的草稿全部在企业微信上进行填写，电子版完成审批后，将协议现场直接打印出来，每份合同的二维码是唯一的，通过二维码核对，确定后续寄到的纸质合同是

否为同一份。另外，交易小票也可以拍照上传，公司财务会通过总额来统计判断这个门店的核销，确保在发现问题时可以及时调取小票查询。

四、为导购提供“无边界服务”平台

随着企业规模的不断扩大，贝因美公司现有超 15000 名导购，在为顾客提供优质服务的过程中，如何发展、维系会员顾客并且不断探索提高服务质量一直是他们的重点。

在贝因美公司安装企业微信前，由于顾客数量较大，无法做到“一对一”的服务模式，对顾客信息了解较少，导购对顾客实际需要不了解，不确定顾客需求量，也无法为其做出购物规划，同时也无法了解顾客之前的购物信息，不能明确顾客的购买偏向及喜好，这种“沟通信息丢失”导致顾客对公司产品没有充分的了解，没有购买欲，而导购也因对顾客信息掌握不足不能为顾客服务到位。

深入了解客户需求，提供“无边界服务”。在贝因美安装的企业微信中做了应用会员购买后，会员购买每罐奶粉时，会扫描绑定奶粉罐上唯一的二维码来绑定会员信息，该信息会被存入内部系统，以便统计顾客购买数据。系统也会评估这个顾客的食用周期，预测下次购买会是什么时候，再把信息推送给导购员，全面提升了顾客满意度和回购率。

在企业微信的助力下，顾客的需求得到一定程度的满足，导购也在企业微信信息统计的基础之上，对顾客需求有了更深的了解，在推荐商品时，为其提供更优惠、更适合的组合。

五、内部沟通有渠道，员工需求有响应

公司业务员以前在门店签订一次供货协议，大概需要两周的时间，先到门店面访，再等领导审批，最后才正式盖章。这样时间长，还很难保证精确记录好每一次签单情况。对财务人员来说，则是在每个月的几天里，因为许多业务环节都涉及票务财务流程，烦琐的审核、核销路径是不得不做却又烦不胜烦的。

通过企业微信，了解重视员工需求。在贝因美接入企业微信后，业务员可以在手机上完成供货协议签订，周期从平均两周变成了 3 天。简化的电子化票务流程让财务和员工都松了口气；财务人员也无须面对繁重的核销程序，员工拍照上传门店小票信息，线上完成核销；员工扫一扫即可开票，手机上传快速完成报销。

从不同阶层员工的需求出发，普通员工可以在企业微信上使用轻量级沟通的功能，重度用户、管理层可以使用更个性化、更复杂的场景功能。这也为贝因美各阶层的沟通提供了平台。

六、IT 管理帮助人力资源管理更加有序

贝因美日常会给旗下门店提供促销礼品，原有情况下，店面在考虑促销礼品管理时，需要考虑分发产品的选择、人力调动的需要以及其他现场可能发生的情况，这些都会导致员工工

作量加重，无疑是在降低店面的工作效率，增加人力资源的管理成本。

企业微信定点定位，保证促销活动有序进行。现有促销活动则是消费者通过企业微信点进一家门店，这次搞活动是翻盘游戏，抽到礼品就由导购员分发，使以前促销品管理核销非常困难，促销品经常遗失的问题得到了较好的解决。

因此，后来贝因美公司决定在企业微信里进行促销管理，让管理员在企业微信上签收促销品。用户通过微信公众号进行礼品的抽奖，然后将两边数据整合。盘亏有三种情况：一是产品被兑走了，二是产品丢失了，三是部分产品出现破损。导购员必须把破损的拍照上传，如果店里面经常出现丢失肯定是有问题的，需要尽快查明导致情况发生的原因，从而更好地把整套流程通过系统管理起来，使得促销礼品的投放跟活动发放数量精准匹配，确保所抽到的奖品到店都能拿到。在此情形下对产品及人力的管理，公司只需 5 位 IT 人员来对企业微信中的数据进行整合整理，不仅降低了传统人力资源管理成本，还大大提高了工作质量，推进公司品牌的推广。

七、综合提升贝因美服务质量及服务效率

通过企业微信统一的管理平台，贝因美将业务链的各个角色有效连接起来，成为企业内外整个销售环节关系链，形成了一个高效运作的组织形态。

除此之外，由于企业微信是一款独立于个人微信的 App，

企业可以通过 API 接入和第三方应用用其满足更多个性需求。由此可见，与个人微信的社交属性不同，独立的企业微信 App 能更好地满足企业专业管理的需求。

八、贝因美实现业务与管理双数字化

（1）**订单业务流程数据化，订单管理更透明。**订单业务流程化使前端销售对产品供应数量有了了解，沟通效率有所提升，也保证了顾客的服务质量，提高了回购率。

（2）**客户需求可预测，销售技巧有提升。**通过企业微信的统计，贝因美可以预测客户动态并利用一定的销售技巧，在客户现有销售下，掌握客户下一时期的需求，给客户提供长久服务。

（3）**库存盘亏动态可查，日常管理更省力。**企业微信的使用使得产品存货量能够及时更新，同时，生产部门也会根据销售情况制订不同的生产计划，保证产品及时供应。

九、做深度的企业管理服务

将企业微信融入公司的流程优化、订单需求及员工诉求中，能使公司内、外部同时得到提升，在现在行业竞争如此激烈的行情下，公司能够对内提升实体、对外在市场上占有一席之地，保证服务质量、服务效率，从各个方面对自身加以优化，使企业微信的价值在公司生产经营活动中得到最大限度的发挥。

案例十

海大集团：

农业数字化转型连接百万养殖户

就农业数字化转型的具体推进路径而言，需要通过构建数字资源体系、建设单品种全产业链大数据、加强关键核心技术攻关、强化信息技术服务、建立共生性生态来完成。

——农业农村部信息中心主任 王小兵

行业内数字化转型的先行者；

全球饲料行业首个水产料年销量超300万吨的企业。

当前企业间的竞争已由单一产品竞争转为产业链的竞争乃至生态圈的竞争，打造企业数字化平台，提升数字竞争力，以产业链板块间协同为重心，提升产业链协同能力，加入行业上下游，构建生态圈，提高生态运营能力，已成为农牧行业企业现代化转型的趋势。

作为国内水产饲料行业领军企业的广东海大集团股份有限公司（以下简称“海大集团”），如何紧抓“互联网+农业”的大趋势，改善管理，跨越地域文化差异，解决散户经营难点，培养农村客户信任感，是其在数字化转型过程中必须考虑的关键问题。

一、全产业链发展遇难题

目前，海大集团正在从一个专业型的农牧企业向全产业链布局的集团转型。在这条转型之路上，企业内部管理率先碰到了难题。

（1）**沟通管理遇难题**。企业发展迅速，员工向上汇报、向下拓展客户、管理者向下传达指示都缺少高效沟通渠道。

（2）**信息同步遇难题**。订单流转情况、审批状况不同步，运营效率提升困难。

（3）**业务提升遇难题**。传统手工记录的方式，导致信息传递效率低，服务质量、维修效率提升受到限制。

二、软件易上手，快速全覆盖

海大集团业务规模快速扩张，员工人数迅速增长，导致传统沟通工具已经不能满足高效便捷沟通的需要。选取新的内部通信工具，首先考虑的便是员工覆盖率与上手难度的问题。作为一个毛利比较低的行业，如何选择一款成本合理又便于推广、普及的软件，一直是困扰企业的难题。

易上手，轻松完成员工覆盖。企业微信与微信一致的操作体验，让海大集团 1 万多名员工能迅速上手使用，降低人工推广成本和培训成本。同时，微信原有的用户体量也解决了企业微信员工覆盖率的问题。现在，有89%的员工都选择在移动端进行办公，不再局限于办公桌范围内的工作，工作效率明显提升。

三、微信消息互通，客户沟通零障碍

海大集团员工规模庞大，整个集团拥有1万多名员工，其中业务人员超过4000名。业务员需要为130万养殖户提供饲料、养殖技术等服务。因此，业务人员希望能随时随地与经销商及养殖户进行沟通，遇到需求或疑问能及时向上反馈。

微信消息互通，跨越沟通无障碍。在这一沟通链条上，企业微信展现了另一优势：企业微信与微信实现了消息互通（见图1）。微信月度活跃用户破10亿，几乎覆盖了整个中国，即使是散落在偏远村庄的养殖户也基本人手一部手机。在企业微信上，海大的业务员可以和微信上的养殖户直接发送信息，“无感”切换。也就是说，即使沟通的另一方不在企业微信上，信息仍然可以触达。

图1　企业微信与微信消息互通

从企业微信到微信，连接跨越了两个产品，沟通却更加便利。在企业微信上，业务员可以实名认证企业员工身份，业务员与客户联系时可迅速建立信任。另外，以前通过微信、电话、短信等其他方式与客户沟通，大量的客户资源无法有效沉淀，员工走，客户资源也跟着流失。现在，这些信息都可以沉淀在企业微信中，不受人员流动影响。在员工离职时，后台权限一关，也保护了企业信息安全。

四、实现跨地域沟通无障碍

传统的养殖产业以村落为聚集地，地点分散，不同村落的诉求也不一样，业务人员往往需要通过实地考察与电话回访来开展工作，往返路途耗时长、向上反馈不及时、信息不同步等问题频频出现。如何找到一个既能帮助业务员与经销商、养殖户高效沟通，又能保证业务效率的管理工具是困扰海大集团的另一难题。

跨越地域，上下及时反馈沟通。在试用了多种办公产品之后，企业微信成了海大集团的最终选择。通过企业微信，业务人员可以随时随地与经销商及养殖户进行沟通，遇到需求或疑问时，可及时通过企业微信向上反馈，大大提高了服务效率。

此外，为了在世界各地采购原材料，海大集团还有许多来自越南、印度、西班牙等国家的跨国员工。通过企业微信随时进行视频会议，不仅体验流畅、沟通高效，还节省了购买视频设备的成本。

五、数据处理移动化，企业决策更敏捷

以前，企业销售团队在定期收集市场数据时，由于作业环境不便携带电脑，只能用纸笔记录数据后再提交企业，数据质量参差不齐且流转缓慢，给企业经营决策带来不便。

手机录入，实现信息快速流转。现在，销售人员可通过数据采集功能，就能在手机上完成数据录入，数据收集标准有参考，录入信息更准确。快速的信息流转也让企业决策层更敏捷地调整经营策略（见图2）。

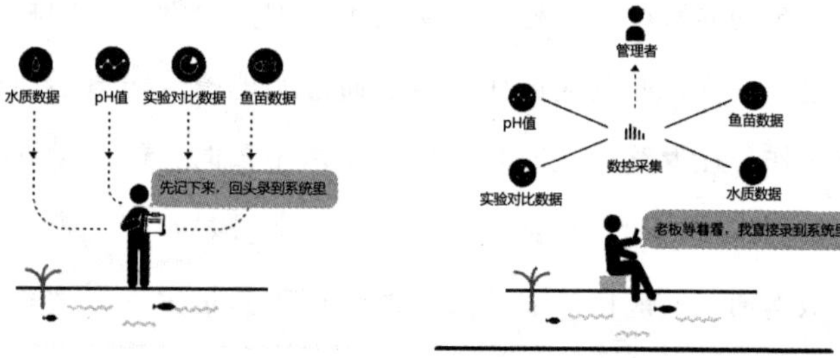

图2　纸质化与移动化数据处理对比

六、全流程自动化，实现提效增收

在完成了人员之间沟通的连接之后，海大集团开始思考如何进一步连接设备与后台，实现业务流程的移动化。

定制化管理系统，节约成本，提效增收。通过开放的API能力，海大集团利用企业微信打造“定制化”智能管理系统，成为饲料行业第一个使用智能化管理的企业。通过企业微信，

海大集团成功地将移动化的工具与工厂设备、管理系统连接起来，每个分厂不仅节省了两个人以上的人力，工作效率还大幅提升。

七、服务提升，实现农企合作共赢

经销商需要靠谱、稳定的饲料来源与销售渠道，养殖户需要科学、先进的养殖技术与指导帮助，只有当这两个需求同时满足时，才叫真正实现了企业与客户的“合作共赢”。以往客户提货，需要通过短信向上审批，由于无法追溯流程，只能不停地打电话确认流程，沟通成本非常高。

审批一键查看，服务质量大幅提升。现在，海大集团的员工再也不用因为审批流程不透明而烦恼。在企业微信上，员工可以一键查看审批进度，每到一个关键节点还可以提醒对应同事进行审批。这样不仅大大减少了内部审批时间，还能让经销商和和养殖户了解进度和流程，服务需求得到及时满足，服务质量也因此显著提升。

未来，企业微信还将打造远程会诊平台，让养殖户的各类疑问能够第一时间得到权威专家的响应和解答。养殖户在遇到疑点、难点，甚至疾病、疫情等问题时，可以在最短的时间内得到最有效的解决方法。借助远程会诊，服务半径可以大幅提升，所有海大养殖户，甚至不是海大的养殖户都可以获得服务。

八、维修及时响应，提高故障排除效率

对于传统制造企业来说，生产机器的运转情况关乎企业的运营效果。以前设备故障的保修需负责人电话报障，再经过多个关键人共同完成纸质维修单录入，处理效率低下，严重影响生产计划。

设备连接企业微信，故障维修迅速响应。现在，海大集团在企业微信上通过“订货易”“装车易”“超预警库存”等功能连接仓库和车辆，把生产设备、硬件设备、监控设备全连接在企业微信上。通过企业微信的开放接口与生产设备相连，做到移动监控生产流程；通过接入相关应用，利用企业微信扫码即可线上报修，减少因流程审批所耽误的时间，维修响应时间从半小时缩短至2～3分钟，保障生产线的旺盛生命力。

九、手机下单，实现高效优质服务

以前，海大集团销售人员帮助客户下订单时，需通过电话与各部门沟通，订单流转情况不透明，销售人员无法实时掌握订单情况。

手机及时下单，订单可追踪。订单追踪的难题在海大集团上线“销售易”功能后顺利得到了解决。“销售易”连接了企业上下游，经销商可以在线上下单，业务员可以在企业微信中确认订单。同时，销售人员可通过“销售易”在企业微信中自助下单，实时监控订单执行情况并发货，更好地为客户提供优

质、高效的服务（见图3）。

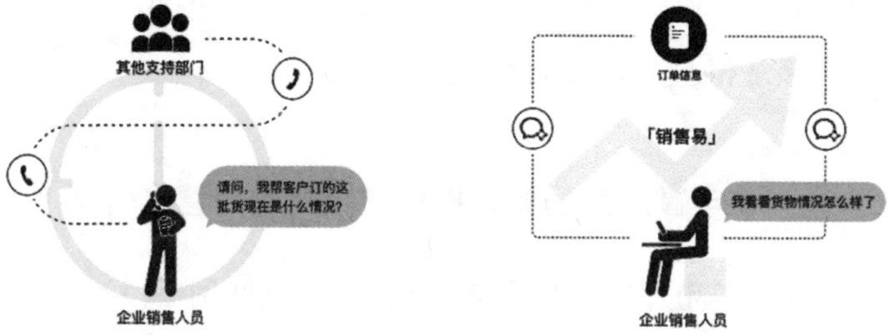

图3　电话沟通与“销售易”对比

叉车司机通过“装车易”，根据拣货指引就能找到相应的库位。以前产品出库需要通过派料单，而现在所有承运商来了之后非常有序，他/她知道去哪个泊位，把货物装车，立刻就能开走了，都是无纸化运行。

海大集团这套基于企业微信的业务移动互联方案已经在全国44个工厂上线，为整个业务线减少了45%的工作量。

十、借助企业微信，增强全产业链服务能力

（1）**沟通提升管理效率**。海大集团企业员工、经销商、养殖户分散在各地，企业微信跨地域移动化的特质满足了海大集团及时交流的需要，提高了企业沟通效率。

（2）**信息及时同步更新**。信息传递移动化解决了纸质传递信息质量低、流转速度慢的问题，大幅提高了企业经营管理效率。

（3）**推动业务发展提升**。利用企业微信，实现三个连接：

连接人，员工、合作伙伴、供应商和客户沟通无障碍；连接物，传感设备、监控设备等与企业微信相连；连接系统，与整套业务管理系统相连，实现运营效率大幅提升。

十一、丰富应用场景，推动农牧产业智慧化转型

当传统养殖过程中的难点、痛点借助互联网手段逐一被击破时，农牧行业也终于迎来了数字化转型的机会。海大集团利用企业微信，紧紧抓住了这个机会，不仅实现了企业智能化创新管理，更为整个农牧业智慧化转型提供了一个成功的标杆案例。

客户评价：

用企业微信追踪市场动态，以实时全面的市场数据服务广大养殖户。

——海大集团丨农牧制造

互联网行业应用案例

案例十一

艺龙网：

智慧管理系统重构文旅行业新生态

推动大数据、云计算、人工智能在文旅产业应用，有利于破解资源难以替代、体验难以复制、需求难以预判等发展难题，将重构文旅产业供应链和生态，有效开发文化旅游资源，催生文旅融合新业态，开拓文旅发展新空间。

——中国旅游研究院院长 戴斌

中国领先的在线旅行服务提供商之一；

24 小时呼叫中心，人性化、全天候服务；

全球 22 万家酒店同时在线预订，智能化、全面化服务。

云计算、大数据、物联网、人工智能等前沿技术推动旅行体验走向无缝、无摩擦、高品质的轨道，文旅行业数字化转型已经不是行业进化的选择题，而是一道必答题。艺龙旅行网（以下简称“艺龙网”）作为中国领先的在线旅行服务提供商之一，在推动企业数字化转型过程中，除了革新产品转型、业务转型和商业模式，还需要同步推动企业管理与用户服务的优化升级。

一、直击服务性互联网企业痛点

对于艺龙网这类偏服务性质的互联网企业，随着业务规模的不断扩大，企业在运营管理中势必出现三大难题。

（1）**沟通管理遇难题**。企业发展迅速，员工沟通实时性要求提高，内部管理效率亟须提升。

（2）**信息同步遇难题**。数据报表不同步，管理层对市场信息了解不及时。

（3）**业务提升遇难题**。业务规模扩张，员工管理、业务响应缺乏高效平台。

二、契合需求，内部通信的最佳选择

艺龙网作为对效率要求极高的互联网企业，如何在成本可控的前提下，筛选出合适的内部沟通工具，实现企业管理与信息的迅速传达，是企业管理者首先要思考的问题。

2016 年 5 月，艺龙网正式启用企业微信。在此之前，艺龙网调研了各种各样的办公平台，甚至考虑过自主研发。对办公平台的选择，艺龙网主要看重三个方面：一是要有专业的即时通信（Instant Messaging，IM）功能；二是可以与自己内部的 OA/ERP 等系统做轻松的对接；三是全员推广成本低。

满足三大需求，员工快速上手。经过一番测试，艺龙网发现企业微信跟他们的需求非常契合。企业微信将最核心的 IM 能力开发给企业，帮助企业做好内、外部的沟通连接。企业微信提供丰富的 API 以便企业统一业务入口。最重要的是，因为企业微信的用户操作体验和微信保持高度一致，让企业的一线员工也可以快速上手使用。

三、人脸识别，考勤更加精准便捷

传统的考勤打卡无法对员工的考勤地点进行实时定位，导致有些员工会以“拜访客户”“给客户送资料”等借口作为翘班的依据，对此企业却束手无策。同时，员工时常因为忘带工卡而出现无法打卡的问题。艺龙网以前都是用工卡打卡的，但难免遇到员工忘带工卡，导致考勤记录出现异常的情况。

人脸识别，让考勤更方便。在企业微信推出后，艺龙网开发了扫码考勤的功能。公司在前台展示一个二维码，员工用手机扫码时，该考勤系统会上传员工手机设备信息，并通过判断员工手机是否连上公司Wi-Fi，从而确认签到是否成功。

在此基础上，艺龙网又做了进一步创新——通过人脸识别进行考勤（见图 1）。现在，员工不仅不需要带工卡，甚至不需要在签到的时候拿出手机。并且，艺龙网还将考勤系统数据对接到了企业微信平台，方便领导实时查看。

图 1　艺龙网人脸识别考勤与扫码考勤界面

四、信息共享，有效避免信息孤岛

身处互联网这样一个快节奏的行业，艺龙网在沟通上似乎还在走“老路子”。找人需要打电话、发邮件，联系方式甚至还要从邮件中找，复杂的沟通过程与互联网行业高效服务的“气质”相去甚远。

及时通信，拉近距离，实现信息共享。借助企业微信的即时通信能力，艺龙网有效缩短了与员工的沟通距离。员工借助企业微信就能轻松实现实时信息共享，员工间的沟通更加简单。在线实时沟通不仅降低了沟通成本，也避免了信息孤岛的形成，办公效率得到进一步提升。

此外，通过企业微信开放的 API，帮助艺龙网打通成员管理、部门管理、群组管理三大能力，让各部门员工之间可以高效联动，提升工作协作效率。

五、人工智能，实现效率成本双赢

在日常工作中，公司技术线和运营线的同事经常会向运维人员咨询各种问题，例如，查询某个接口、了解某项业务、获知服务器容量、机房容灾能力、目前带宽使用情况等信息。艺龙网需要安排两个运营专员对这些问题全天候进行回复。对于员工而言，这项工作重复、枯燥且效率低下。

人工智能实现企业效率和成本双赢。现在，艺龙网在企业微信平台上开发出了智能运维机器人（见图 2），企业将各类咨询问题和查询请求导入一个知识库里，由机器人根据关键词给出相应答复，搭载了在线业务的实时报警和应急处置能力，提升了 IT 基础设施及应用的运维效率。原来 2 人/天的专职值班工作，现在 90% 的任务已被运维机器人替代，运维工程师能集中精力来实现更多创新性工作。

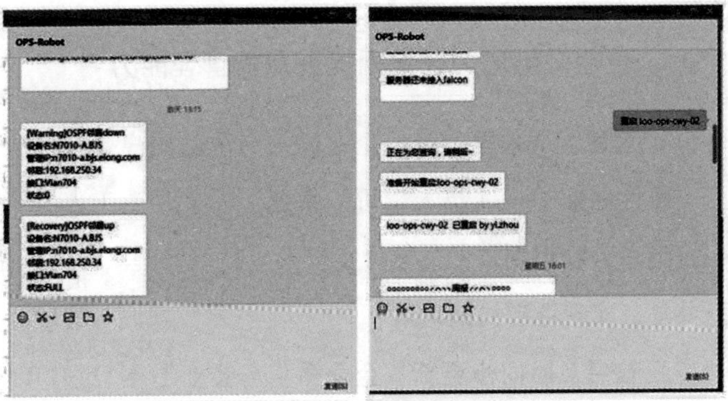

图 2　智能运维机器人

六、运维移动化，随时随地排除故障

在一家互联网公司里，运维责任非常重大，运维人员需要 7×24 小时响应修复问题，以保障用户体验的稳定性。因离开电脑便无法工作，所以无论何时何地运维人员都得背着重重的电脑到处跑。曾经有这么一个笑话：艺龙网的一个运维同事在天安门广场旅游，突然接到一单紧急运营事故，便立即打开随身携带的电脑进行处理，结果被好几个保安围住询问。

运维工作移动化，一部手机便能搞定运维工作。有了企业微信之后，艺龙网将运维工作的一系列流程都集成到了手机端。无须再时时刻刻值守在电脑面前，无论是处理日常工作还是应对紧急任务，一部手机就能搞定企业运维需求。现在，运维人员通过手机就可以进行服务器迁移、流量切换、业务恢复等操作，运维事故处理更方便，效率显著提升。

七、企业微信助力艺龙网提升业务管理能力

（1）沟通管理效率提升。企业微信与微信用户操作体验的高度一致性保证了一线员工也可以快速上手使用。工卡打卡—扫码打卡—人脸识别，考勤进阶实现人力高效管理。即时通信，信息共享，实现业务协调高效。

（2）信息及时同步更新。企业微信与企业原本 OA/ERP 等系统的完美对接，方便领导及相关负责人随时掌握所需信息并及时审批相关工作流程。

(3) **推动业务发展提升。**运维工作移动化，一部手机随时随地搞定运维工作。企业微信加机器人——智能运维机器人实现了企业效率和成本双赢。

八、为企业数字化转型落地提供工具

利用企业微信与微信一脉相承的用户体验，无须培训员工快速上手。企业互联网 + 微信，企业微信 + 原有系统，显著提升了内部管理效率。作为数字化转型供给端的互联网企业，企业微信为其数字化转型提供了一份可快速落地的转型方案。

医疗行业应用案例

案例十二

仁和集团：

数字化办公助推企业发展三大问题迎刃而解

仁和将坚定不移地以“打造高科技为内涵的核心竞争力”作为重点的战略方向，通过“人才领先、科技领先、模式领先、机制领先”战略方针的深入实施，将仁和建设成为公众型、国际化的现代医药企业集团。

——仁和集团董事长 杨文龙

组建于2001年，经过十余载的快速发展，仁和（集团）发展有限公司（以下简称“仁和集团”）已由一家地方药企成长为一家集药品、保健品的生产和销售于一体的现代医药企业集团。它旗下拥有1家上市公司，1个高科技工业园，3家医药科研机构，15家药品、保健品生产企业，15家销售物流企业，员工3万余人。

2017年，企业销售收入突破百亿元，跻身OTC（非处方药）产业10强。2018年，仁和集团提出积极推进线上线下互动、做精做深做细品牌的发展战略。经营模式的转变必定要求企业改进内部综合管理方式。如何利用数字化的技术手段，提高集团内部管理效率，成为影响仁和集团战略目标实现的关键考验。

一、企业发展遭遇三大难题

业务快速发展但企业内部信息化建设和一体化管控未同步跟上，势必给企业发展带来三大难题。

（1）**信息沟通难。**企业员工多，日常工作找人时犯难。身份没认证，聊天没安全感。工作生活全靠微信，个人生活没隐私。

（2）**办公效率提升难。**员工办公依赖电脑，办事效率低下。业务动态难掌握，生产经营有风险。

（3）**个人能效优化难。**经营业绩没对比，工作开展没动力。上下级交流没互动，工作汇报没反馈。

二、一键邀请迁移微信办公群

早在 2013 年，仁和集团就实现了所有核心业务的信息化和一体化管控，但其内部通信环节一直很薄弱。仁和集团旗下有 3 家医药科研机构、14 家药品生产企业、15 家销售物流公司……员工 3 万余人。以前，内部都用微信来办公，工作信息严重挤压微信里的生活空间，微信群无法验证员工身份，存在安全隐患等一系列问题越发凸显。同时，由于微信群里没有统一的组织架构，找人变成了一件麻烦的事，并且用电话沟通口说无凭，后续很难回溯追责。

内部沟通更方便，更愉快。仁和集团内部沟通的种种问题在引入企业微信后都被一一破解。使用企业微信后，仁和集团首先导入了企业组织架构，员工可以在首页的标签栏中选择“通讯录”功能，查看到本企业的组织架构，并且可以通过“通讯录”找到企业所有成员，与其发起会话或者视频、语音通话，员工之间交流更方便。同时，通过将微信群逐步转移到企业微信里，既可以确保群里员工身份的真实性，又能实现工作和生活分离开来，保护员工的私人生活空间不受到侵害，员工使用企业微信的意愿更强烈。

三、软件好上手，系统运行很安全

无论哪个企业在选择办公软件时，都会十分关注成本和安全的问题，尤其是仁和集团。3 万多人的职工规模，让企业不得不优先考虑软件推广的成本、员工培训的成本。此外，企业每天都会产生海量的存销数据、进货数据，数据不仅量大而且涉及企业经营状况，因此，数据传输与保存的安全性就显得格外重要。基于成本与安全性的考虑，仁和集团在选择办公软件时犯了难。

软件使用没难题，系统运行没风险。仁和集团商业首席信息官钟胜群在谈到企业微信带给他们的便利时，特别提到“易用”和“安全”两点。其中，“易用”又有两层解读：第一，企业微信跟微信的操作体验几乎是一致的，大家都会使用微信，从而减少了他们推广平台、培训员工的成本；第二，企业微信继承企业号的 API 规范，让 IT 人员不需要额外的学习，就能立马上手对接企业应用。从安全角度出发，仁和集团认为，有腾讯为他们的系统安全、数据安全保驾护航，相比之前内部自建的业务平台而言，更让他们信赖和安心。

随着集团将所有业务入口统一放到企业微信平台，员工自发地从微信、QQ 等平台转移到了企业微信进行办公（见图 1）。

图 1　企业微信工作台应用

四、员工轻松玩转 OA，提升个人能效

办公软件平台在绝大多数人眼里只是一个日常办公使用的工具，有时甚至会因为流程设置得不合理而遭到员工的吐槽。但当办公软件平台碰到了企业微信，一切就都变得不寻常了。办公平台软件除了自上而下的交办任务，还能自下而上地推进企业效率提升，这一切听起来似乎就是天方夜谭。

办公软件摇身一变，成为提升个人能效的小工具。在仁和集团，员工自发地将办公平台软件用于提升自己的工作业绩。仁和集团市场部的员工将企业微信提供的基础应用——“同事吧”“日报”“审批”作为提升个人能效的小工具，让我们看到了企业微信对基层员工的新价值。

例如，很多市场人员在“同事吧”鼓舞士气、庆贺阶段性取得的成绩，引得全员点赞转发，子公司之间形成你追我赶的积极势态。另外，“日报”功能设计简洁，有心的员工自发用来向上级汇报工作，和领导之间建立良好的互动。还有员工利用“自带审批”功能请假，集团得知后又官方增加了会议室预定、设备报修等更多模块，不仅明显提升了企业办公效率，还收获了员工更高的满意度（见图2）。

图2　集团为员工提供办公功能及“同事吧”情况

五、掌控业务动态，规避生产风险

仁和集团的信息化建设历经10年，已初见成效。他们现阶段最重要的目标有两个：一是实现业务自动化；二是实现办公移动化。以前，仁和集团内部的业务系统都是搭建在PC环境下的，员工必须依赖电脑开展各项工作，并且需要主动地去获取各类信息，工作十分不便利，特别是对于出差人员。

实时推送信息，降本又增效。仁和集团意识到减少员工在行政事务上的精力消耗是保证企业降本增效最有效的方法。因此，集团利用企业微信的消息通知机制（见图3），帮助企业实时推送信息给员工，既提升了企业生产效率，又能节约运营成本。例如，通过企业微信上线提醒待办、通知物流进度等功能，对服务器异常、商标资源到期、库存不足等进行自动预警。员工随时随地在手机上就能掌控业务动态，及时完成各项任务，规避生产风险。

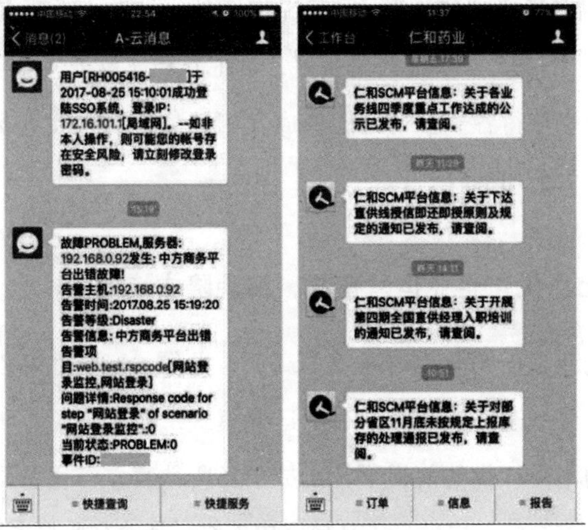

图3　企业微信的消息通知机制

六、破解内部信息化建设和一体化管控难题

（1）**无须培训，推广更容易。**企业微信与个人微信使用习惯一脉相承，员工轻松上手，无须额外培训。腾讯公司为企业文件传输、数据传输保驾护航，信息安全传递有保障。

（2）**沟通安全又便捷。**在企业微信中，不用添加好友，与公司任何一个同事都能直接沟通，方便各部门协调工作。同时，企业微信与个人微信并行，将工作与私人生活分开，员工更满意。

（3）**充当“办公小助手”，协助个人便捷办公。**系统提前通知工作事项，提醒参加会议，发布库存不足预警……丰富多样的办公服务，显著提升了员工办公效率。

（4）**积极“攀比”，提高工作绩效。**借助企业微信的“同事吧”“日报”“审批”等程序，员工互相鼓舞士气、庆祝阶段性成绩等使得各子公司之间形成互相“攀比”的良好风气，鼓励员工为公司创收。

七、优化企业运营模式，实现降本增效

企业微信凭借其沟通效率高、易操作、安全性好以及平台化的优势，改变了企业原有的运营模式，在保护了员工个人生活空间不受打扰的前提下，让员工畅所欲言，与每个同事都可以近距离交流，协助员工高效完成工作，帮助企业降本增效。

案例十三

益丰大药房：

数字健康平台引领医药产业高质量转型新机遇

医保控费、带量采购等国家新政的推行，对国内外药企提出了巨大挑战，却也给中国医药产业的高质量转型带来了全新机遇。充分利用好科技创新驱动的数字健康平台，将帮助医药企业在政策阵痛前快速转型。

——微医高级副总裁、微医药 CEO 丁海桓

益丰大药房是全国大型药品零售连锁企业，截至 2019 年 3 月，公司在湖南、湖北、上海、江苏、江西、浙江、广东、河北、北京等九省（市）拥有连锁药店 3958 家，员工 20000 人。

益丰大药房在 2015 年成功上市，成为中国第一家沪市主板上市连锁药房。近两年来，受医改政策和高新技术等的影响，医药行业正在向着提高生命质量的方向发展，由医疗服务向健康服务转变，打造健康管理和医疗治疗并重的格局。因此，企业开始主动思变，探索管理转型和技术转型。

一、快速扩张背后的“拦路虎”

益丰大药房业务规模扩张迅速，门店数量从 2011 年的 343 家，上升至 2019 年的 3958 家，年复合增速达到 35.76%。企业规模的扩张对经营管理效率也提出了更高的要求。

（1）**高效沟通存在障碍。**公司大，地域分布广，很难找到联系人的联系方式。因为不认识，所以需要通过中间人，这种联系既不直接，也非常费时间。

（2）**信息同步存在障碍。**报表、数据增多且整理困难，销售前端关键业务信息收集与反馈速度缓慢，及时、准确了解各层次销售情况和库存情况是个难题。

（3）**业务提升存在障碍。**信息不对称，协调问题多，影响工作效率。

二、通讯录实时更新，永不失联

在益丰大药房看来，企业组织架构是企业信息化建设的根基，不仅可以方便员工找人，业务模块的接入和使用也都依赖于它，例如，选择公告的推送范围。以前跨地区或跨部门找人，必须通过人事、行政等人员的配合，时间花费了不少，沟通效果还不好。

导入企业组织架构，找人更方便。在使用企业微信后，益丰大药房首先导入了企业的完整组织架构，将手机号、座机号、邮箱、部门等详尽的员工信息在内部进行公开（见图 1）。员工可以直接搜索员工姓名或按照部门层级就能找到想要联系的人。

后续员工手机号变动，只需要在客户端手动绑定新号，就能同步修改企业通讯录中的信息，做到实时更新，实现了内部组织结构的消息互通。

图 1　企业微信通讯录示意

三、实时获知一线销售数据

类似“管理者驾驶舱”这样的企业应用，已经逐渐普及到了各行各业。企业管理者每天都要和报表打交道，他们需要从数据变化中了解企业经营状况，进一步对未来的业务发展做出正确规划。

数据及时推送，经营管理有据可依。益丰大药房的核心数据，包括门店业绩、员工业绩、药品销量、药品复购率、会员数量等，都会被汇总成日报、月报推送给管理层。店长看到自己门店近期的销售排名后，会对本店的销售策略进行调整，及时按药品销量和销售额对经营品种进行 ABC 分类，同时通过管理手段激发员工潜能。区域管理者会帮助门店分析绩效不佳、会员流失、复购率低等问题出现的原因，帮助它们通过关联销售、精细化管理会员等方式提升业绩。

四、面向全员的信息发布平台

益丰大药房有 20000 多名员工，其中拥有 OA 系统权限的只占 1/4，且这些员工都属于坐在办公室里、能使用电脑进行办公的职能部门。过去，公司对节日放假时间、公司活动时间等进行通告时，都需要打印通知并张贴，才能向一线员工进行信息传递。就算放在微信群中也容易被其他消息掩盖。也就是说，大部分一线员工是无法及时获知总部重要通知的，他们和总部的信息之间存在断层。

移动端推送资讯，消息触达没遗漏。益丰大药房通过把 OA 系统对接到了企业微信，向全员推送企业资讯，将信息化建设下沉到基层。一线员工在手机上就能关注公司动态，且员工收到消息界面都会有醒目的公告提醒（见图 2）。

图2 企业 IT 资讯、公告示意

五、碎片化时间在线培训学习

消费者在购买药品时，普遍需要用药咨询、健康咨询和对症售药等服务，店员的专业服务和销售能力直接影响了终端的客流量。因此，提高店员专业服务和销售能力就显得十分必要。然而，多门店、跨地域管理，加上员工流动频繁，导致益丰大药房的员工培训一直难以落地。

移动学习平台帮助员工随时补充知识储备。为了提高店员的专业服务能力与销售技巧，益丰大药房在企业微信里上线了在线学习系统。通过企业微信，员工不仅会收到最新的课程推送，还可以了解自己未开始、进行中、已完成的学习任务。管理员不定期地在学习系统中发布各类培训课件、视频等学习材料，员工可自行安排学习计划，并随时把控学习进度。通过移动学习系统，员工可利用一切碎片时间，不管是什么时间、在什么地点，只要有空闲，就可以在手机上学习。

六、线上预订会议室，高效更智能

过去，益丰大药房内部是通过纸质表格或者电子表格的方式来登记会议室使用情况的。员工需要先给管理员打电话确认会议室是否可用，再由管理员手动更新会议室状态。整个预订流程很长，而且人工管理极易出错，经常导致会议安排冲突。

手机预订会议室，省时又省心。通过在企业微信里接入会议室管理应用，益丰大药房的员工不仅能够在线查看会议室状态，还能在手机上完成预订，并设置会前自动提醒与会人员等功能，从而将管理员从琐碎的工作中解放出来，让内部会议更高效（见图3）。

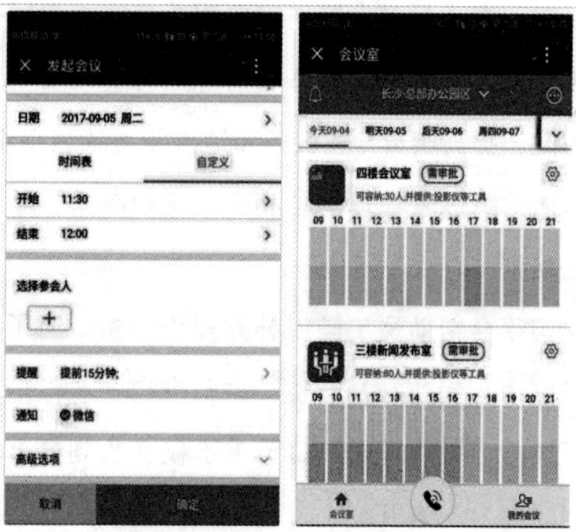

图3 线上预订会议室示意

七、满足实时沟通需求，强化业务协同能力

（1）**快速实现高效沟通。**随时可查的企业通讯录，让团队内部的沟通、各部门之间的对接协作变得更加快速高效，极大地降低了沟通成本，提升了工作效率。

（2）**实时获知信息资讯。**公司重要通知通过企业公告随时推送，员工是否查看一目了然。销售数据统计、卖品数据统计、跟单数据统计等分门别类进行存储，并自定义生成图表，及时为企业决策、业绩考评提供可量化依据。

（3）**推动业务发展提升。**益丰大药房利用企业微信开放的API，自主开发工作轻应用，在企业微信中实现了门店管理、客户管理等场景的数字化，并覆盖线下分、子公司及门店，推动业务发展提升。

八、为业务、管理赋能，加快企业数字化建设

随着医改政策的深入推进，行业内原有的生态系统将被重构，各个企业的运营流程将被改变。医药企业将积极拥抱数字化转型的浪潮，不断提高企业自身经营管理能力。企业微信作为企业数字化转型的助手，通过提供行业整体的解决方案为业务赋能，为管理赋能，帮助企业在数字化转型中不掉队。

教育行业应用案例

案例十四

华东师大：

企业微信为师生构建一站式校园服务新平台

> 数字时代的校园需要规范建立统一数据中心，打造一体化教学服务平台，实现信息的交换共享。建设智慧校园，培育“时代新人”。
>
> ——华南师范大学附属中学校长 姚训琪

“985 工程”“211 工程”高校；

跻身双一流大学建设 A 类高校行列。

华东师范大学（以下简称“华东师大”）是一所教育部直属综合性研究型重点大学。学校设有 3 个学部，29 个全日制学院，39 个管理部门，有 4 万名在校师生。面对数量庞大的教职工与学生队伍，与很多学校一样，华东师大在信息化工作中也遇到了很多困惑。最大的困惑就是学校信息化建设投入了很多时间和精力，却没有得到好的口碑，一些师生还有诸多抱怨，对学校的信息化现状不满意，这是一件让人非常沮丧的事情。

如何找到一种简单的、可以“一招制胜”、一下子获得用户大量好感的数字校园管理工具，是华东师大提升校园信息化建设水平的当务之急。

一、华东师大数字校园建设的三大痛点

为推进世界双一流大学建设，华东师大除了需要在科研能力、师资水平等方面积极作为，更需要一套高效的校园管理体系作为后勤保障。在推进学校数字化管理的过程中，现有的信息基础设施势必会让数字化管理工作遇到诸多难题。

（1）**业务系统陈旧，业务办理不方便。**许多业务流程都只能在电脑端操作，与现在大事小事习惯在移动端解决的用户习惯相去甚远。

（2）**办理事务手续复杂，效率低。**纸质材料人工办理既耗时又混乱，花费成本也高。

（3）**后勤保障不及时，使用负担重。**缺乏及时的后勤服务，学校生活处处有阻碍。

二、手机就能搞懂业务办理，师生更满意

学生在校期间需要办理学费和住宿费缴纳、考试报名、选课等众多业务，为了满足庞大的业务办理需求，学校建立了大量的业务系统。但这些业务系统很少有能够支持在移动端使用的，师生必须使用电脑才能进行业务办理，操作十分不便。如何选择一款合适的移动端业务操作系统是困扰华东师大信息化

建设的一大难题。

业务办理移动化，流程更高效。企业微信为全校师生提供了一个很好的从桌面端到移动端的黏合方式。使用企业微信给各种业务系统添加微信扫描二维码的登入方式，让师生们使用手机就可以方便、快捷地访问学校的各个业务系统。

目前，用户活跃度最高的应用是校园卡，可以实现充值、查询消费记录、挂失等；还有“我的学业”，学生可以实现很方便地查询成绩、课表等。其他的应用也有很多，比较有特色的有门禁查询、我的通知、我的财务、图书馆、会议管理、校园直播、办事指南、就业服务、待办事项、访客上网、卡券核销等。

这些移动应用满足了师生对于移动端的依赖性，大大提升了师生办理业务的快捷性与便利性。

三、简化毕业生离校手续，省时又省力

学生们毕业时往往需要办理一系列复杂的手续，各项流程确认无误后才能离开学校。以往学校会向毕业生分发一份印有离校流程的说明和毕业所需的纸质材料，再由毕业生们自行到各个地点去办理手续并盖章。但是这些地点往往分布在学校不同的地方，大多是学生四年都不会踏足的场地。很多学生甚至连有些地点都找不到。辛苦找到之后，发现各个地点的各个窗口都排起长队，学生等得很辛苦，老师审核材料也很辛苦。同时，人多混乱，学生如果不慎将材料丢失，就只能再重跑

一次。

离校手续线上化，流程办理更省心。现在，华东师大将毕业生的离校办理手续装进了企业微信里。利用企业微信的“毕业生离校状态”功能，每一位同学都可以清晰地查看到自己的待办事项（见图1）。同时，利用校园地图也可以查找各个地点的位置。有些步骤可以直接经由系统确认，不需要再当面盖章处理，学生和老师都轻松了很多。学生再也不需要在毕业季的烈日下来回奔波，不会出现遗漏和丢失材料的情况。

图1　“毕业生离校状态”功能

四、网络服务，关键时刻不怕宿舍断网

在校期间，所有学生都会使用校园网络，过去学生需要以宿舍为单位按月或按流量购买网络服务。学生需要时刻关注宿舍网费情况，一旦忘记按时缴费，宿舍就会断网，影响学生课

余生活。

方便学生及时缴费，预防宿舍断网。为了解决这一问题，华东师大在企业微信里开通了“网络服务”应用（见图2）。学生们通过关注企业微信里的网络服务应用，就可以随时查询到宿舍网络的使用详情、余额信息，还能直接在线缴网费，保证余额充足，就算突然断网也不怕。学生们再也不会因为网络问题耽误重要事情。

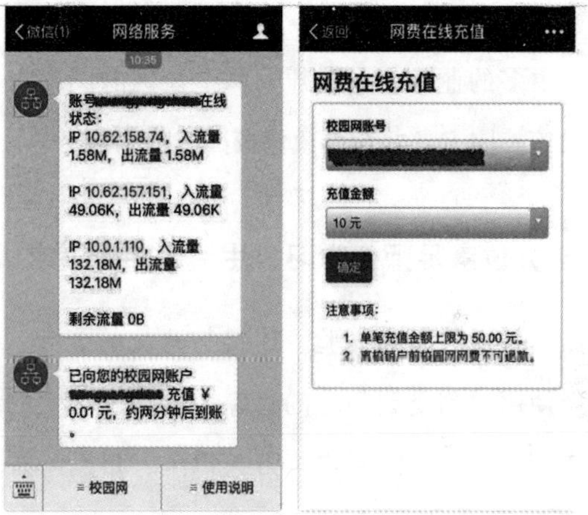

图2 “网络服务”应用

五、微信校园卡，打破实体卡片的枷锁

学校信息办的服务平台一直都是学校最繁忙的部门，每年新生进校要办卡，毕业生离校的时候要注销卡，每天还有大量的人来补卡。不仅老师工作量大，学生也要在排队上耗费大量时间。

微信校园卡，帮学生省心，帮学校省钱。借助企业微信与微信的互动连接能力，华东师范大学利用企业微信，开通了微信校园卡应用，解决了校园卡使用的难题。

过去实体卡能做的事情，微信校园卡也可以做到；实体卡不方便做到的事情，微信校园卡更可以做到。微信校园卡除了满足学生身份识别与校园消费支付的传统功能，更节约了很大的人力和制卡的成本。学生使用更方便，学校发卡更省钱。

目前，中北河西食堂、闵行华闵食堂等还试点推进了基于校园身份识别的食堂微信支付。除了刷卡消费之外，微信校园卡还包含了更多的业务。华东师大两个校区的图书馆闸机已经全部支持微信校园卡，并新增微信校园卡借书服务。

六、全方位满足师生学习、生活、工作需求

企业微信舒适的用户体验、连接与开放的能力、高黏度的功能，一经使用立刻受到师生的青睐，在华东师大的认证用户已经超过 3 万人，日活跃用户 1 万人以上，帮助华东师大在数字校园建设方面实现了三大突破。

（1）应用移动化，提高使用便捷性。企业微信在移动端开通了多项业务系统，让师生使用手机即可享受服务，告别了被拘泥于电脑桌前办业务的时代。

（2）简化业务办理手续，提高管理效率。企业微信开设了毕业生离校应用，将业务浓缩至网络平台，大大简化了办理流程，让学生不出寝室即可解决大部分问题。

（3）完善后勤服务，提高师生生活保障。企业微信实现了在线

校园卡、在线网络管理等功能，为师生提供全方位的后勤保障。

七、丰富校园服务应用场景，推动数字校园建设

越来越多的服务功能在校园内落地推广，企业微信为师生提供了更加便捷的校园服务，极大地方便了师生的学习、工作与生活。这些功能在为校园师生提供便捷化校园生活的同时，更加强了学校的规范化管理，提高了学校工作人员的工作效率。

案例十五

邛崃市南街小学：

数字化办公系统搭建家校沟通新桥梁

构建一体化的“互联网+教育”大平台，引入“平台+教育”服务模式，整合各级各类教育资源公共服务平台和支持系统，逐步实现资源平台和管理平台的互通、衔接与开放，建成国家数字教育资源公共服务体系。

——《教育信息化2.0行动计划》

邛崃市南街小学位于有着2300多年历史的“巴蜀四大古城”之一的临邛镇。学校始建于1908年，百年风雨，百年峥嵘。多年来，邛崃市南街小学以一流的教育质量，鲜明的办学特色，走出了一条办“现代化精品小学”的创新之路，成为当地最具规模和影响力的学校。

办学规模的迅速扩大，在校师生人数的不断增长，使得传统校园管理模式已无法满足邛崃市南街小学现代化教学的需要。如何在成本可控的前提下，通过运用现代化的技术设备，改善教务管理、教生管理、家长及公众服务等业务流程，提高管理效率和服务质量，实现由传统的办公形式向校园信息化办公转变，真正实现家校互联，成为困扰邛崃市南街小学发展的难题。

一、邛崃市南街小学校园管理的三大难题

名气的增加，招生规模的扩大，家长期望的日益增高，使得传统校园管理模式难以适应邛崃市南街小学现代化管理的需求，因此学校发展面临三大难题。

（1）**家校难沟通**。通讯录难查找，信息传递成本高。

（2）**信息难管理**。人数多、信息多，管理信息效率低。

（3）**活动难组织**。参与者体验差，活动过程难存储。

二、重视使用体验，友好易上手

大部分软件都要求用户先进行下载安装，再体验服务，其他家校互通软件也是如此。再加上家长们对这类 App 的使用频率远远低于其他个人聊天软件，强制下载安装的行为无疑加重了家长们的手机存储负担，这导致学校对软件进行推广的成本很高。

使用友好，轻松上手。邛崃市南街小学在对比各类家校互通软件之后，最终选择了企业微信，其考虑的一个重要因素就是该软件的使用对家长非常友好。

企业微信提供微信端的插件，家长只需要扫一扫关注微信公众号和插件，就能够在微信端接收所有消息并且使用应用服

务（见图 1）。这意味着家长对如何使用该软件具有自由选择权，既可以选择在微信端使用，也可以选择在企业微信 App 里使用。等家长们在微信端实际体验过企业微信的服务后，学校再推荐家长转到企业微信 App 里进行沟通，就变得自然和容易了。

图 1　消息公告功能

三、信息在线管理，查阅修改更容易

邛崃市南街小学有 150 多名老师、5000 多名学生及其家长和 100 多位服务人员（食堂、物业员工等）。以前家长信息分别由各班班主任进行维护，服务人员的信息由专门的后勤负责人维护，学校缺乏一个统一的管理平台，不仅容易造成信息丢失，也难以及时对人员信息进行更新和同步。

师生家长外勤，全员统一管理。使用企业微信后，邛崃市南街小学将教师、家长和服务人员都纳入了学校统一的通讯录。其中，教师和服务人员可以直接导入，而学生家长则必须要按照规定详细地录入实名信息提交申请，待学校审批过后才能被纳入学校通讯的组织架构，并按班级进行分布（见图 2）。邛崃南街小学这一举措不仅提高了管理效率，也保障了信息的真实性。

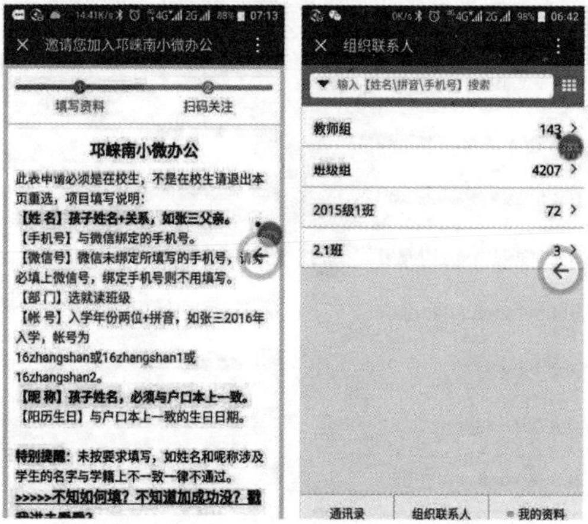

图 2　信息管理功能

四、线上绩效评定，时间更快，成本更低

绩效评定是教师职业发展中十分重要的一环，但绩效评定

时往往需要提供很多证明材料。以前都是纸质填表，每个老师都要向学校提交一大摞表格。学校负责人审核的时候不仅工作量大，一不留神还容易出错。

绩效评定，告别纸质资料“堆成山”。自邛崃市南街小学上线教师管理和查询系统后，老师们的个人资料全部收集在学校的信息数据库中。不仅老师们可以直接在手机上查看或修改一些个人基本信息，学校也可以直接从后台批量导出教师资料，绩效评定省时又省事（见图3）。

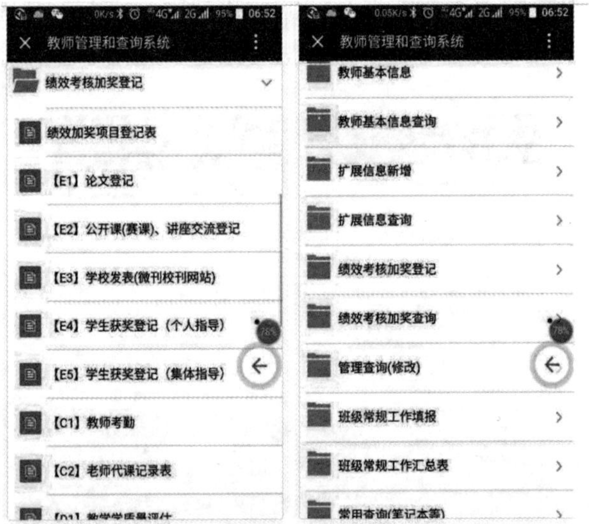

图3 教师管理和查询系统

五、家校互通，沟通更加及时高效

以前进行班级管理的时候，老师都需要在微信或QQ里建一个群，然后再用个人账号去联系家长，一个一个通知加入群聊。不仅等待家长全部加入群聊需要耗费大量时间，老师还要花大量的时间和精力去检查人员是否有遗漏。并且所有的消息都在群内发布，老师无法确认家长们是否都收到了信息。

不用加好友，覆盖80%的群聊。邛崃市南街小学经过调研，发现企业微信能方便地传输文件、发布群公告，查看已读和未读消息。校方通过发红包的方法，鼓励所有成员都转移到企业微信上来沟通。老师和家长不再需要用个人账号去添加好友，通过通讯录就能快捷地创建班级群、机构群，现在整个学校80%的沟通都已经转移到了企业微信上。

六、移动发布公告，老师和家长不错过任何消息

过去，学校的信息发布渠道并不多，一般是领导通知教研室，教研室再通知老师，老师再到各个班级群里通知家长。这样通知耗费的时间长，还不一定可以通知到位。

学校大小事，通知公告不错过。现在，有了企业微信自带的公告应用和消息发送渠道，无论是新的政策、学校新闻，还是活动报名、后勤服务告示，都只需要负责人编辑好内容，选择好需要发送的人员范围，就可以一键下发消息。企业微信的信息推送可以保证信息百分百触达每一位需要通知的人（见图4）。

图4　通知公告

七、一键连接校长邮箱，家长需求表达有渠道

以前家长们与学校的沟通，基本停留在与任课老师交流孩子学习情况。如果碰上家长对学校的伙食有意见，甚至是对某位老师有差评时，根本找不到申诉渠道，只好在家长间甚至校外进行抱怨和吐槽。这样的结果，既不利于及时改进问题，还会对学校的形象造成负面影响。

公开透明，反馈直达校长信箱。现在，邛崃市南街小学在企业微信中设置了校长信箱投诉通道，让家长的意见有了反馈的渠道（见图5）。而且提供匿名反馈，家长就不需要担心会因为得罪老师而不敢直接反映情况。学校收到反馈后会指派人员处理，并且将来信和处理结果都在线发布，信息透明，让所有家长都可以查看，增加家长对学校的信任。

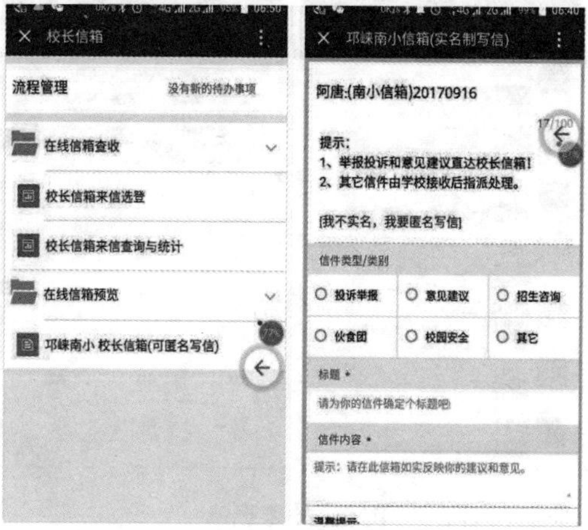

图5　校长邮箱

八、手机就能报修，故障处理更及时

教室里除了黑板和粉笔，其他的电子设备也越来越多，比如投影仪、手写屏、打印机等。当发生教学设备故障、学校校园网无法连接等情况时，若不及时处理，课堂的正常教学将会受到严重影响。以前由于难以及时找到维修人员，电话报修没有记录也容易丢单，又无法监控服务人员每次的处理质量和速度，学校设备、网络故障迟迟难以得到解决。

故障及时报修，保障正常教学。现在，通过企业微信，老师可以直接线上申请报修（见图6）。报修材料按顺序存储，方便服务人员及时查看所有待处理事项，确保无遗漏。同时，报修结果能够即时反馈，保证教学工作的顺利开展。

图6　故障报修

九、线上管理，教学服务数字化

（一）新生入学，家长不再通宵排长队

每到开学季，家长都会早早去排队报名，甚至出现通宵排长队的情况，不仅家长受累，学校报名工作也十分忙乱。

为了缓解这个现象，邛崃市南街小学在企业微信里开通了新生报名预约系统。排号预约系统里有详细的教程帮助家长了解如何预约。家长可以根据孩子的号码，依照系统提示选择可以预约的时间段，并按照预约好的时间去报名就可以了。新生报名预约系统不仅帮家长节约了排队报名的时间，还帮助学校成功地分流了原来线下报名的压力。

（二）课程按需开班，准时开抢

为了帮助孩子全面发展，除了义务教育规定的语、数、英等课程，学校还会提供丰富的兴趣课程。由于学生可以自主选择参加兴趣课程，使得部分课程太受欢迎而开课班数不够，或有的课程太冷门而报名人数寥寥无几，无法开班。

对此，邛崃市南街小学改变了传统先确定课程再组织报名的方式。先在企业微信上提前放出课程预约，再根据预约人数来安排兴趣班数量，最大限度地保证了人人有课上，课课有人听（见图7）。

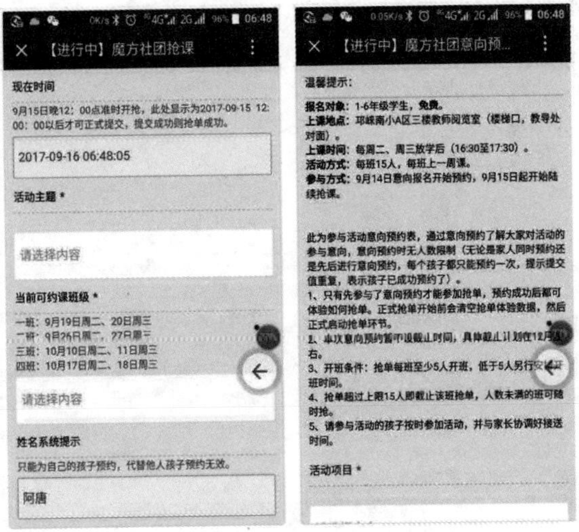

图7　课程报名

（三）一起监督，不再忘记做作业

任课老师每天在班级群里布置学生作业，当一个老师在多个班级任职时，同样的内容需要转发多个微信群，容易出现消息漏发的情况。同时，微信群作为家长与老师沟通的唯一渠道，里面的消息十分散乱，老师布置作业的消息也容易被大量的聊天内容淹没，家长接收信息困难，后续查找也十分不便。

现在，通过企业微信，学校建立了一个线上作业布置系统。老师不仅可以直接选择多个班级一次性发布，还能添加图文来补充作业的注意事项。根据发布时间和截止时间，家长可以对孩子的待完成作业和以前的作业完成情况一目了然（见图8）。

图8　发布作业通知

十、丰富校园活动，留住成长瞬间

（一）举办活动简单，校园生活更有意义

过去，举办校园活动是一件十分费时费力的事情。比如，

举办一个诗词大会，首先由各班老师收集好学生的报名信息和提交的诗词文档，再分别发给评审老师。如果同一份作品需要多位老师审核，就得将老师们聚集在一起进行打分。不仅如此，在活动的最后，通常也只会宣布排名靠前的作品的评价结果，剩余的学生无法知道老师对自己的评价，后续也不知道如何改进，也就失去了活动的意义。

当学校应用了企业微信之后，一切都变得不一样了。企业微信帮助学校组织者实现了活动的完整闭环。在线报名—提交参赛材料—材料分发给评委—评委随时在手机上进行评审，多位评委可以看到同一份内容，报名的学生也可以查看自己作品的评语（见图9）。企业微信不仅给学校组织活动带来了便利，还提升了活动举办的意义，提高了学生参与活动的积极性。

图9　活动应用功能

（二）记录风采，孩子学校共同成长

一般校门口的宣传栏除了展示校训、校规等学校基本信息，还会展示学校的荣誉风采、活动信息。但因为传统的宣传栏不仅大小容量有限，而且如果想要刊登新的内容，就得把旧的内容撤掉，过去的精彩内容难以保存、沉淀。

为了实现精彩活动的二次宣传与沉淀，邛崃市南街小学在企业微信里上线了“话题广场”功能（见图 10），将其打造成一个展示学校和全体师生风采的平台。学校、教师和不同年级的学生都有自己专属的社区，每一次的进步和荣誉都能够被记录到相对应的板块。“话题广场”既成为学校发展的见证，也让家长可以随时随地了解孩子的学习和活动信息。

图 10　话题广场

十一、全方位沟通，解决校园管理难题

邛崃市南街小学充分利用了企业微信的各项功能，在信息集成与管理、家校互通、教学服务管理以及校园活动举办等方面都进行了成功的尝试。

（1）**家校沟通更方便**。实现了家校沟通的广度、深度，减少了内耗，降低了管理成本

（2）**信息轻松管理**。企业微信增强了办公流程的灵活性与透明度，办公效率大大提高。

（3）**活动组织更轻松**。利用企业微信，邛崃市南街小学轻松打造了丰富多彩的校园活动。

十二、打造开放连接的家校智慧生态圈

未来将有更多数字化软硬件进入校园，在老师、家长、学生及后勤保障人员之间建立关系网，搭建信息管理数据库，提供优质教育服务，配备智能化硬件设备，打造开放连接的家校智慧生态圈。

案例十六

高顿教育：

数字化管理赋能员工，打造教育行业标杆企业

科技向善的核心，就是希望人们生活更美好。其实我们乐享也有一个初衷，是希望企业里工作的这些员工，在企业里生活得更美好，把这十年腾讯人的感受带给客户，把乐享变成一个大家共同的家。

——腾讯副总裁 王巨宏

高顿教育集团曾连续获得“中国教育培训10强品牌”、中国最具实力教育集团等荣誉。

历经十余载的高速发展，高顿教育集团（以下简称“高顿教育”）在全国超过30个城市设立分公司或分校，旗下拥有包括高顿财经、高顿财务培训、高顿网校、高顿财税学院等数十个高端教育品牌，业务涵盖中国财经人才生态系统。每年为超过35000家企业和100000名学员提供服务。

办学规模的不断扩大，师资队伍的迅速增长，对于高顿教

育内部运营管理能力提出了更高的要求。在数字经济时代，如何运用大数据、云计算等数字技术改造、提升企业内部管理流程，实现内部数字化管理，是摆在高顿教育面前的难题。高顿教育在原有问题的积累下，引入企业微信与腾讯乐享帮助企业从多个角度解决教学过程中人员管理成本大、无法保证教学质量等问题，从根本上为高顿教育解决了相应问题。

一、数字化管理遇四大难题

作为中国财经教育创导者，高顿教育致力于以科技为驱动，构建国际化的终身财经教育生态体系。在推动企业内部数字化管理的过程中，高顿教育遇到了四大管理难题。

(1) **知识管理遇难题**。之前的知识管理系统由于使用难、权限控制难、资料查找难、知识分享难等问题，导致知识资产流失现象严重。

(2) **员工成长遇难题**。跨地域、跨部门、跨职级沟通有壁垒，知识、经验和见解分享没载体。

(3) **信息流动遇难题**。员工沟通互动没渠道，企业信息发布难触达。

(4) **企业文化落地遇难题**。活动组织难、宣传难、报名统计难，组织活动有负担。活动结束后视频、照片、文档资料保存难，二次传播与回顾难实现。

二、内部培训材料更新沉淀没烦恼

教育行业是与知识打交道的行业，天然会拥有大量课件和培训资料。十余年的高速发展让高顿教育积累了海量的培训知识，为了管理这些极其宝贵的知识财富，高顿教育曾经做过一个知识系统来专门管理培训课件、学习文档等材料。但系统使用难、资料查找难、权限控制难、知识分享难等问题使得知识系统并未发挥出预期的作用。特别是权限控制的问题导致很多知识材料流失，给企业造成很大损失。

知识库五大功能，全方位沉淀企业知识。如今，高顿教育通过腾讯乐享来承载这些知识财富，借助腾讯乐享知识库的五大功能，满足公司知识管理使用的各类需求。

（1）**知识存储功能。**腾讯乐享为企业提供了海量的存储空间，支持多种格式的文件上传，让高顿教育所有的资料都可以在乐享上进行集中存储。

（2）**发表权限功能。**知识库文档管理后台可根据员工的不同等级、背景设置不同操作权限，保证了外部人员无法浏览这些文档，即便有人截图分享出去，也能快速追查到泄露者。

（3）**知识查看功能。**知识库支持多种文档格式在线浏览，通过手机端，员工就能随时随地观看和分享知识。

（4）**知识分类功能。**知识库文档自定义 5 级分类，员工可以便捷使用公司经过分类的知识，也可自定义分类管理自己的知识库，方便员工构建自己的知识体系，提升了资源利用效率。

（5）**知识分享功能**。知识库文档管理提供点赞、收藏、评论、一键分享等功能，员工可以随时围绕知识展开讨论、交流。

三、专业大神为员工赋能专业知识

校企合作作为培育高素质人才的重要手段，通过发挥企业项目、资金、管理经验等优势，利用高校理论研究、培训、教学、咨询、管理等有利条件，在人才培养、论坛与大赛支持、实习基地建设等方面开展多层次合作。

高顿教育作为校企合作的典范，先后与上海财经大学、中央财经大学、对外经济贸易大学、中山大学管理学院、四川大学商学院等100余所高校达成战略合作。但由于相关信息缺乏统一归集的渠道，导致高顿教育的员工并不清楚企业究竟与哪些高校签订了战略合作协议，只能通过公司发布的新闻回溯。

技术与业务问答社区，快速专业解决问题。对此，高顿教育借助腾讯乐享的问答模块来沉淀知识，解答疑惑。腾讯乐享的“乐问”功能一经上线，立刻成为公司的“百晓生”。员工通过“乐问”发帖提问，然后由专人进行回答。所有回答内容均可编辑，每次编辑都会注释更新时间、更新内容，员工通过浏览回答就能快速知晓公司大事小事。

另外，乐享还为管理员提供了后台管理功能，管理员可以通过员工推荐情况以及后台的筛选，精选出优质的回复将其置顶，让最有价值的回复能够得到广泛传播。

四、企业论坛让员工信息交流没有障碍

高顿教育在全国拥有20多处校区，全职员工数超过5000人。过去由于缺乏统一的沟通渠道，员工之间不仅在专业知识上的互动交流较少，日常生活的话题更是不会涉及，彼此之间的关系十分疏远。

企业专属论坛，打造企业自由交流平台。腾讯乐享的论坛不仅承载了公司内部交友、租房、生活等话题交流，解决了员工通过建群交流的弊端，还为论坛规范化管理提供了便利。

企业员工拥有自由发帖交流的权利，与工作和生活有关的各类大事小事都可以在论坛上交流。每天下班之后，高顿教育的论坛都会非常火热。时常有老师自发分享一些教学中的趣事和公司里发生的大小新鲜事儿，还有一些游记、电影观后感等文章。

腾讯乐享的论坛只允许本企业的职工使用，可避免有外部人员混进群来挖走高顿员工的情况。论坛与腾讯乐享绑定，一旦有员工离职，自动丧失论坛使用权限，防止论坛中出现的企业内部重要信息与通知被泄露。

五、内部推送通知让消息触达没有遗漏

企业发布重要信息一般喜欢通过邮件进行通知，但许多员工由于手机未安装邮箱App或者没有使用邮箱的习惯，导致信息获取不及时，出现漏看邮件错过通知，甚至邮件被系统错误

拦截等问题。不仅如此，由于不能自动获知邮件查收与阅读情况，企业无法掌握通知的效果，也无法及时提醒未阅读信息的员工及时查收邮件，内部信息通知效果往往不尽如人意。

腾讯乐享，实现内部推送百分百触达。在引入腾讯乐享之后，内部消息推送的难题迎刃而解。利用腾讯乐享推送内部通知，用腾讯乐享的文档承载推送内容，用腾讯乐享推送给员工，可以保证全员都可以及时接收信息，触达率大幅度提高。

而且腾讯乐享的文档有浏览记录，可以清晰地看到哪些员工看到了推送，自动统计信息浏览人数，对消息推送效果可随时心中有数。通过手动“@”未读消息的员工，每条通知都能百分百触达员工。

六、多功能 K 吧实现群组化交流分享

基于业务发展和内部管理的需要，企业的员工被划分到不同的部门。高顿教育以前就通过建群的方式来区分部门。由于群内成员经常变动，管理成员名单未及时跟进，结果导致消息混乱，很容易错过重要信息，而且权限管理困难。

K 吧打造部门专属小圈子。腾讯乐享的 K 吧功能为员工分组管理提供了便利。K 吧通过群组的方式，把具有相同属性、组织架构或兴趣爱好的人组织到一起。在 K 吧里，大家就像围坐在吧台聊天一样畅快轻松地分享知识和经验。

企业可根据不同场景、不同目的、不同属性建立多种功能的 K 吧。组建团队部门 K 吧，实现知识沉淀、活动组织与团队

协作；组建公司组织K吧，实现公司的信息发布和收集；组建兴趣社团K吧，进行协会活动组织和主题讨论分享。使用腾讯乐享的K吧功能，让不同部门都能有自己的圈子，让员工可以找到集体，找到归属感。

同时，因为K吧自动关联企业组织架构，所以在管理K吧成员时，管理员可将K吧成员列表与最新组织花名册实时同步，减轻K吧人员管理的负担。

七、简单、高效组织企业各类员工活动

公司年会、员工生日会、部门旅游……丰富多彩的员工活动时常被作为企业文化传播的重要手段。很多时候由于活动场地预约申请手续麻烦、活动信息发布渠道有限、邮件报名统计工作繁重、活动资料无法存档、活动后期回顾困难等原因，使得活动组织不便利、消息触达不广泛，企业文化落地困难。

腾讯乐享的引入让高顿教育高效组织企业活动成为现实，企业活动更多样，组织报名更便捷，信息触达更广泛，企业文化建设效果更显著。

（一）活动场地安排更便捷

以前，高顿教育的会议室和活动是割裂的。当活动需要使用会议室时还需要活动负责人拿着申请单提前找相关领导签字申请，十分费时费力。不熟悉会议室申请规则的同事，还得到处向人请教。

通过腾讯乐享将活动与会议室关联。只需要线上提交会议

室使用申请，相关负责人即可在移动端进行审批。同时，申请人在手机上就能查看会议室的基本配置与预订情况，方便挑选出合适的会议室。

（二）活动报名统计更容易

过去，高顿教育举办活动时，都通过邮件的方式进行报名。不仅员工报名操作十分不方便，还需要安排专门的员工进行活动报名人数统计，给活动组织方带来负担。

现在，在腾讯乐享上发起活动报名通知后，员工通过手机端进入活动信息界面，点击“我要报名”按钮，系统就会提示报名成功。同时，腾讯乐享后台自动统计活动报名信息，并提供快速导出功能，活动发起人可自主快速导出相关数据，快速掌握活动相关信息，方便活动的组织安排与后期总结。

（三）活动沉淀有保障

高顿教育每年都会在全国举办上百场大型活动，会有大量现场照片。以前大家不知道把照片放在哪里，后续想要使用时很困难，而且还有可能面临法律风险，比如，图片侵权。

现在，用腾讯乐享来存储照片，使用更方便，也不会有侵权风险。利用腾讯乐享的信息传递功能，管理员可以广泛征集活动征文、活动摄影作品，通过图文推送的形式，向企业全体员工宣传与回顾活动举办情况，增强活动影响力。

利用乐享承载企业文化。高顿教育把文化建设、文化活动都放到腾讯乐享上，新员工入职后也能知道以前做过什么企业文化活动，得以快速融入企业。

八、一站式企业社区，打造智慧教育企业

（1）**知识库让人与知识紧密连接。**腾讯乐享简单明了的操作界面和科学合理的分类结构，让员工使用没负担、文档查找更便捷。可设置的权限功能，让知识库管理更轻松。

（2）**乐问用问题分享彼此的知识、经验和见解。**腾讯乐享为员工提供了一个技术与业务分享的问答社区，帮助员工快速专业解决问题，将优秀员工的工作经验沉淀下来。

（3）**论坛打造员工生活沟通互动平台，内部推送让消息百分百触达。**通过论坛，员工可以相互交流切磋，激发思维，分享自己在工作或生活中的点滴，增加彼此感情。通过腾讯乐享内部推送通知，可以及时查看文档查阅情况，消息推送效果更有保障。

（4）**活动功能为打造丰富的企业活动提供便利。**利用腾讯乐享线上预约会议室、发布通知、统计报名信息，活动举办更省心。同时，腾讯乐享支持文字、图片、视频、音频等多种文件格式的消息分享，让活动分享回顾更高效。

九、结合企业实际情况，提供个性化解决方案

围绕企业知识管理、员工成长、内部沟通、文化建设四个方面提供多种应用，企业微信与腾讯乐享为企业提供全场景解决方案。通过打造一站式企业社区，紧密连接员工与企业，赋能员工，赋能业务，提高内部协作效率，降低企业管理成本，

推动企业文化落地，助力企业数字化转型。在企业微信的助力下，高顿教育稳步运行。

客户评价：

乐享做得强大，整个企业也强大。

——高顿教育创始员工、副总裁 张为强

酒店行业应用案例

案例十七

皇冠假日酒店：

大数据助推酒店服务系统精准打造宾客体验

如今，技术快速更迭、世界紧密连接。身为业内数字变革创新先行者，洲际酒店集团将一如既往、孜孜以求，通过科技赋能，全力打造数字时代下的最佳宾客体验。

——洲际酒店集团大中华区酒店及业主信息技术解决方案副总裁 钟捷

皇冠假日酒店作为洲际酒店旗下的全球高端商旅酒店品牌，业务遍布全球 65 个国家和地区，拥有超过 400 家酒店。凭借 30 多年的酒店行业经验以及贴心的服务与专业的设施，皇冠假日酒店一直为各类商务活动提供互动平台，并成为商务旅客和会议组织者的理想选择。

以前，酒店行业的竞争是企业品牌、基础设施、资金实力的较量。数字经济时代如何通过科技赋能，全力打造数字时代下的最佳宾客体验，优化运营绩效，才是酒店在数字化时代中赢取竞争优势的制胜法宝。

一、酒店管理面临四大创新需求

顾客能够成为一家酒店的忠实会员，就如同谈一场恋爱。较高的品牌影响力会吸引他/她答应“相亲”，至于能不能够继续“交往”下去，还要看对方所表现出的综合魅力。如何在竞争激烈的酒店行业争取一批忠实的会员，皇冠假日酒店需要在以下四个方面不断创新，实现效率提升、效益提升和顾客体验提升。

（1）**沟通模式创新**。搭建内部高效沟通的平台，满足员工实时交流的需求。

（2）**管理模式创新**。运用数字化、移动化的手段与方式，科学规划人力资源体系，提高决策效率。

（3）**用户体验创新**。通过数字化技术重塑客户、合作伙伴乃至员工体验，打造精细化运营和服务，用数字化转移价值主张。

（4）**盈利模式创新**。通过数字化方式实现数据的直接和间接变现，如通过数据分析指导业务决策，实现获客、转化及留存。

二、员工信息实时更新，员工永不失联

酒店的人员组织结构非常复杂，包括礼宾部、客房部、餐饮部、后勤部、财务部、行政部、人力资源部、市场部、保安部……大大小小的部门数量众多且各部门独立经营管理，部门之间缺乏信息交流的渠道，因此，找人是件十分痛苦的事情。

同时，酒店行业员工流动性高，尤其是一线职能的人员变动较大，造成员工信息更新工作量大且效率低下等问题，也进一步阻碍了酒店内部沟通效率的提升。

同步通讯录，员工永不失联。借助企业微信的通讯录管理功能，酒店内部沟通问题得以顺利解决（见图 1）。在企业微信移动端就可以批量导入企业组织架构。而且后续员工手机号变动，只需要在客户端手动绑定新号，就能同步修改企业通讯录中的信息，做到实时更新。

在面向全员同步通讯录后，无须存储对方联系方式，通过企业微信的通讯录功能，即使是在紧急时刻也能确保各部门之间建立高效沟通，保障酒店的高效运行。

图 1　酒店通讯录

三、无须培训轻松上手，企业零成本，员工没压力

酒店行业是一个盈利水平相对较低的行业。随着人力、物业成本的不断攀升，利润空间一直在被压缩。如何抓住数字经济时代的发展机遇，在成本投入合理的前提下，借助新技术、新工具提升人员管理效率、增强信息共享，从而减缓利润降低的趋势是酒店管理者共同面临的难题。

同时，由于酒店行业的一线员工文化水平参差不齐，酒店管理者在操作软件的选择上更加注重软件是否简单易上手，从而不会增加员工额外的工作负担。

秉承微信体验，覆盖低学历。因此，与微信一脉相承的企业微信成为皇冠假日酒店的不二之选。微信是酒店员工都会使用的沟通工具，企业微信秉承微信体验，任何年龄段、学历背景的员工都无须培训，立刻能上手使用。利用企业微信的插件功能，即使没有安装独立 App 的员工，也能在微信上接收到各种重要通知，信息实时触达每位员工。

借助企业微信，酒店在最短的时间内、用最低的成本，就能高效地部署一张酒店内部覆盖全员、实时沟通的信息网络。

四、一键掌握运营情况，管理决策心中有数

酒店属于服务行业，需要及时掌握并分析客人的需求变化，并据此对物资和人力配备进行优化。过去，酒店管理层只能通过定期的财务报表或者例会等方式了解酒店的运行状况，无法

实时获知员工服务质量的好坏。并且管理者需要自己手动上网浏览旅客评价情况，无法及时感知客人网评变化，导致管理决策滞后，客户体验较差。

酒店管理层实时获知一线数据。针对酒店行业的管理痛点，皇冠假日酒店利用企业微信引入了运营报表推送功能，为酒店管理者提供“一站式”决策支持。

现在，皇冠假日酒店每天早上都会通过企业微信推送运营报表（见图2），展示前一天客户服务需求工单的超时完成占比、客人服务需求旺盛的时间段、设备报修完成率、客房卫生通过率等信息。另外，企业微信还会汇总近一周内来自各OTA（在线旅游代理）平台的用户评价，帮助管理层有针对性地优化服务流程。

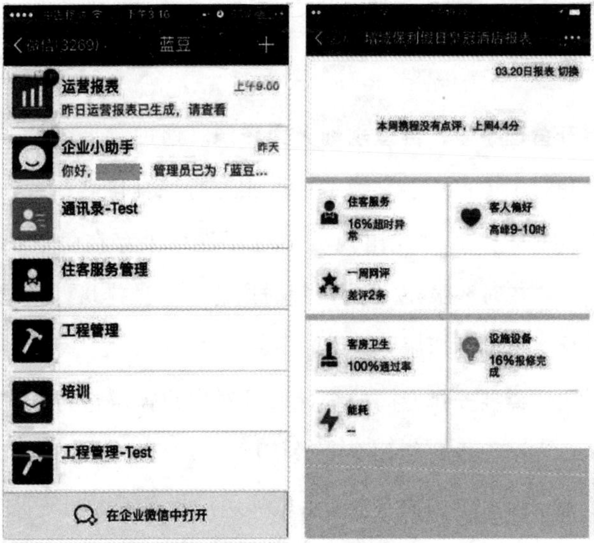

图2　酒店运营报表推送功能

短短半年时间，皇冠假日酒店已将携程上的客人满意度从4.3提升到了4.5。

五、员工选拔有依据，人力资源规划更科学

以前，酒店人力资源规划与员工评价全凭个人经验和主观印象进行决策，管理层对于每个岗位应该配备多少员工，班次安排是否合理，每个员工的价值是否发挥到了最大，哪些员工接单最多，哪些员工任务完成得最好等情况很难有非常清晰、直观的了解。

同时，由于人工成本的增加和招聘要求的提高，酒店开始面临人力资源管理危机。如何合理规划员工数量，科学评价员工工作效果，提升劳动生产率，成为企业人力资源管理的当务之急。

提升管理手段，合理规划人力资源。通过对每个员工的接单率、超时工单占比、异常工单占比进行综合排名，系统自动选拔出优秀员工，避免出现员工对评价结果存在争议的情形（见图3）。在对客服务/退房高峰时段进行合理排班，就能有效应对拥堵，提高酒店服务效率。

过去，需要安排专门的统计人员对客户需求进行跟踪与统计分析。在全面推广使用企业微信后，线上录入客户需求工单基本由前台服务员承担，并交由软件进行状态跟踪和统计分析，从而可以减少录入统计岗的人员编制，节省酒店人工成本。

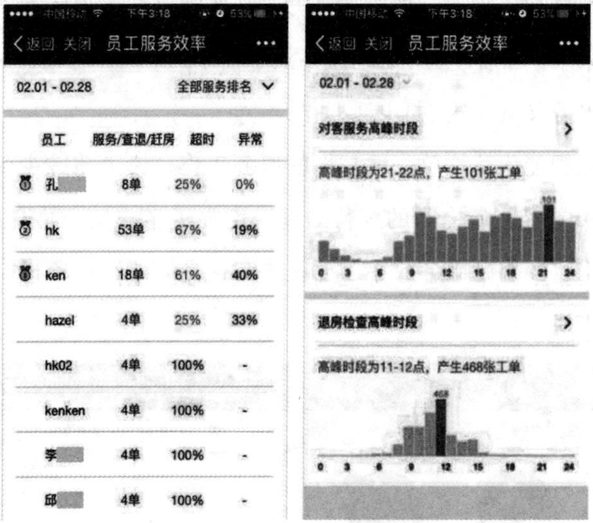

图3 员工服务效率综合排名

六、轻松表达服务需求，客户体验更满意

传统的对客服务需要客人先打电话给前台告知自己的需求，然后前台再通过电话、对讲机联系客房部相关的服务人员上门服务。传统流程不仅造成客户需求响应慢，并且难以监控服务进度，前台只能打电话了解服务进度。在这个过程中，容易造成服务单的遗漏，信息因为被多次转达从而出现偏差，导致客户体验感较差。同时，基层服务员的话务量居高不下，给员工造成巨大的工作负担。

减少中间环节，优化对客服务流程。接入企业微信后，前台会将收到的客人需求直接录入系统，在线分配给服务人员，这些服务人员在手机上就能收到通知，并实时更新工单状态（见图4）。未来，酒店计划在客房里贴上小程序二维码，客户通过小程序上报需求，甚至连打电话都省了。

用智能代替简单、重复性的服务工作，极大地减少了客户需求和响应服务之间的等待时间，增强了客户的个性化体验，既提升了酒店的服务效率，更让旅客感受到“懂你所想”的贴心默契。

图4　线上对客服务功能

七、盘活客户行为数据，洞察客人需求

酒店行业细分市场众多，可以按照服务对象、地理位置、酒店规模、经营方式等标准进行划分。各个酒店由于自身定位、

所处位置、服务对象等不同，在经营管理上必然存在差异，但以前酒店的管理多凭经验操作，难以满足皇冠假日酒店规模扩张、市场化经营的需要，也无法适应客户个性化、多样化的消费需求，给酒店经营管理带来巨大风险。

其实，酒店在日常运营中，会产生很多的客人行为数据。企业完全可以利用这些数据进行综合分析，并制订出可行性方案，让酒店服务越来越贴合客人需求。数字经济时代，皇冠假日酒店也一直在思考如何唤醒、用好酒店“沉睡”的客户行为数据，为消费者提供更加良好、便捷的服务体验，并针对数字化手段收集的消费者反馈进行不断的服务改进，从而建立和保持自身的品牌优势。

通过科学分析，洞察客人需求。运用企业微信的大数据挖掘功能，赋能酒店，整合客户行为大数据资源（见图5）。基于深度分析和挖掘，为酒店决策和管理提供快速的反馈和依据，提高酒店资源配置和动态适应的准确性、时效性和有效性，满足客人更多的需求，为酒店创造更大的价值。

曾经在一周时间内，酒店连续有两位客人提出对自助餐品质不满意，酒店餐饮部的同事在企业微信上及时收到反馈，并立即进行了整改。另外，通过统计客人常用服务和最需要的物品等，再结合客房单间成本率指标，采购部对物资的采购比例进行了调整，做到有的放矢。

图5　客户行为大数据分析

八、创新酒店管理模式，打造智慧皇冠

（1）**随时随地找到你想找的人。**搭建移动、智慧的线上交流平台，破解酒店组织结构复杂、员工流动频繁、员工通讯录更新不同步的难题。

（2）**企业管理更科学、更高效。**在经营决策方面，企业微信每天定时推送运营报表，酒店管理人员实时获知一线数据，辅助科学决策；在人员管理方面，企业微信提供员工服务综合排名，帮助酒店精简优化人员配置，节省酒店人工成本。

（3）**及时响应客户服务需求。**通过企业微信，客户手机即可上报客房服务需求并在线分配服务人员，服务需求响应及时，服务进展动态可追踪。

(4) **充分挖掘大数据资源，为服务赋能。**利用企业微信整合、分析和挖掘客户行为大数据，让酒店服务更加千人千面。

九、让数据活起来，创新酒店运营模式

数字化转型并非简单的技术改造，它将推动传统酒店在服务、管理、人力等方面的可持续发展。数字技术不仅为满足企业内部运营者管理需求而存在，也将成为推动酒店业变革的核心动力。

如何为酒店业赋能，引领行业数字化转型，不仅仅是搭建一个数据平台，更要让信息、数据在平台和业务系统之间形成良性闭环，提升企业管理能力和业务创新能力，从而适应新的环境要求，实现业务变革和效率提升。

案例十八

维也纳酒店：

数字化管理模式变革提升酒店服务

随着大数据时代的到来，酒店业目前还缺乏两样东西：一是工匠精神，二是对技术的理解。这意味着企业需要拥抱变革，充分理解和利用技术，紧密把握用户需求。同时，我们还需要科学地运用技术，使酒店真正能够给客人带来更好的住宿体验，以及极大地提高酒店管理效率和运营效率。

——中国旅游协会副会长、秘书长 张润钢

在“互联网+”时代，大数据、云计算、物联网等新技术正对各行各业进行不断的价值重构，深刻改变着用户的消费习惯与消费方式，酒店行业也概莫能外。

作为首个规模超过3000家店的中端酒店品牌，维也纳酒店也在思考如何与时俱进、积极求变，在改善酒店基础设施的同时，运用数字化的管理工具与手段，进一步提升运营管理水平，满足客户多元化的需求。

一、业务规模扩张带来三大管理难题

中档酒店进入规模化竞争阶段，作为中档酒店领军品牌的维也纳酒店集团，在推进规模扩张的过程中正面临着运营管理模式创新的难题。

(1) **沟通管理遇难题。**传统群沟通带来信息安全隐患，酒店员工之间缺少高效信息传递媒介。

(2) **信息同步遇难题。**酒店运行数据缺乏实时监控与趋势分析，企业内部资源配置效率低。

(3) **业务提升遇难题。**在建项目缺少实时监管工具，信息纸质化带来维修不及时等困扰。

二、办公群管理，保障信息安全

酒店组织结构复杂，包括前厅部、客房部、工程部等多个部门。过去，部门之间都使用微信工作，通过各种微信群进行日常沟通与任务传递。通过互联网工具，每一个服务员利用手机接收任务，减少中间传递环节，但也由此产生了群信息爆炸、工作无法跟踪、数据无法统计等问题。同时，微信群沟通还存在明显的安全隐患，那就是如果有员工离职了，甚至去了竞争对手公司，他/她还依然可以在微信群里获得项目进展、同步销售报表、市场营销方案等信息。

企微管理员工群，自动剔除离职员工。通过企业微信管理员工群（见图 1），当有员工离职时，管理员可立刻将他移出组织架构，自动脱离群组。另外，通过开启群水印功能，可避免员工截图泄密，最大程度上保障企业内部的信息安全。

图 1　维也纳酒店办公群

三、信息实时查看，分店资源高效分配

传统酒店管理，店长只有坐在电脑前才能了解酒店的入住情况，下班后只能打电话给当班前厅经理了解客房入住情况，信息获取极不方便。而且连锁门店之间无配合，门店之间的经营情况不透明，无法促进内部良性竞争。

实时资源高效分配，实现效益最大化。维也纳在全国有 600

多家在营酒店，拥有合计超过 10 万间客房。在多年的摸索中，它们总结出了一套管理市场和管理对手的方法论。自 1993 年创办以来，维也纳酒店管理客房账务超过 10 亿单，从未出现一分钱差错，这都归功于云平台 PMS（物业管理系统）的房态管理功能。

借助企业微信的开放连接能力，维也纳酒店将 PMS 接入企业微信平台，加盟店店长和酒店业主可以实时查看各酒店入住率，随时随地了解酒店的经营入住情况，并对酒店的经营策略做出及时调整，满房分店可以引导客人到周围分店，实现整个集团利益最大化。

四、房间管理实时可视化，提高运营管理效率

传统酒店管理，前厅与客房基本靠对讲机通信。当房间打扫完毕后，前厅人员在系统中更新房间状态。当有客人要办理入住而没有干净房间时，前厅要通过对讲机告诉客房哪间房要打扫，不仅效率低下，还影响客人在前台的办理速度。

可视化管理，实时掌握经营动态。维也纳把酒店 PMS 的实时房态搬到微信企业号上，客房服务员通过微信可以实时查看房态，客人一退房就立刻进行打扫，经理通过手机还能随时检查打扫的房间是否合格。

五、口碑时代活用数据，提升酒店收益

在互联网时代，客人的要求越来越高，更加追求消费体验。

现在，酒店都用数据了解客人，通过上网查看酒店网评，及时了解客人评价，发现酒店经营问题。外部的网评加上内部数据有助于酒店更好地解决问题。

周边竞对，有效利用大数据进行市场分析。“周边竞对”通过技术手段对酒店周边竞争对手的标准房价以及在各大网站的评分，系统每分钟自动抓取汇总。只要周边价格变动，市场部就会进行分析并动态调整房价，有效提高酒店运行效益。

六、明晰责任，统筹管理在建项目

维也纳属于连锁酒店，目前筹建中的分店有400多家。从土建、入住装修到开业筹备的整个项目周期一共有276个节点，其中涉及供应商、总包商、项目施工队等角色。那么，怎么才能把控住所有酒店的施工质量，并确保每个酒店都能在5个月内按时交付呢?

实时监督控制，把控项目进度。维也纳酒店通过企业微信，实现了对在建项目的动态管理（见图2）。首先，酒店为每个项目节点指定了一位负责人；其次，督促各节点负责人按时汇报项目进度，并同期进行系统化验收；最后，通过红绿灯机制对负责人进行考核，只要其跟进的节点出现三个红灯报警，那么他/她将会被替换掉，同时项目负责人也会被问责。这样，可以及时控制预算超支，缩短工期，杜绝推卸责任的现象。

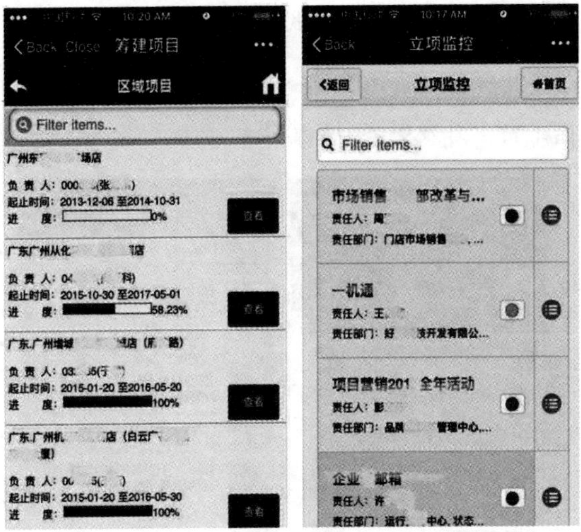

图2　在建项目管理界面

七、无纸化办公，实现智能化管理

维也纳酒店内部的办公场景很多，包括管理各项流程、召开会议、组织员工学习等。拿流程管理举例，它涵盖了分店与集团、分店与分店之间、分店内部常用的合计 273 个审批类型。以前，通过纸质文件来完成审批和归档，不仅流程慢，浪费办公资源，材料还容易丢失。

OA 系统接入，全面实现无纸化办公。企业微信提供了基础的移动审批、线上沟通交流等工作应用。开放 API 后，更多第三方应用涌入，无缝对接企业内部 OA 系统，丰富了移动办公平台的应用形态。维也纳利用企业微信提供的 API 上线了一套 OA 办公系统，将所有流程管理放到线上（见图 3），每年能够处理

387000 条审批，实现了全程无纸化办公。另外，酒店还推出了会议管理、任务管理、日程管理、知识库等应用，未来酒店还将在企业微信平台上开发更多 OA 功能。

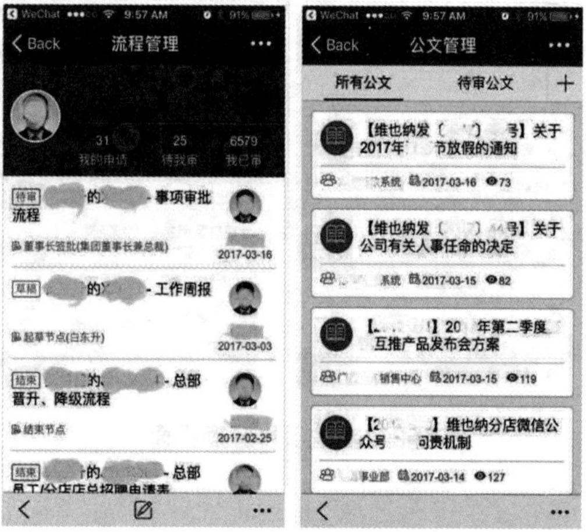

图 3　“流程管理”“公文管理”界面

八、线上管理，提高维修管理效率

在传统酒店管理中，酒店工程维护对客房及设备进行维保只能通过纸质记录，无法汇总归档，店长很难追溯考核。最后的结果可能是客人入住后反馈设备有问题才安排维修，严重影响客人入住体验。

经统计，维也纳在营的每家酒店日常会有 2000 多项大大小小的待维修项目需要跟进。以前，酒店巡检员都是填写纸质维修单，导致上报和跟进不及时，带来很多客人投诉。如何对维修人员的工作进行考核也让企业犯了难。

手机上报问题，降低运营成本。现在，酒店巡检员通过手机上传图片工单，对问题进行分类报修，管理员将维修任务明确到了个人（见图4）。这样，既节约了纸张，又能量化员工考核，还能定期对工程问题和设备故障进行统计分析。集即时维修、定期维保、维修耗材、能耗管理和人员管理于一体，科学分解任务、优化工作流程、透明化管理过程，全方位提高了工程维保执行力和响应速度，令酒店的硬件设施时刻保持最佳状态。

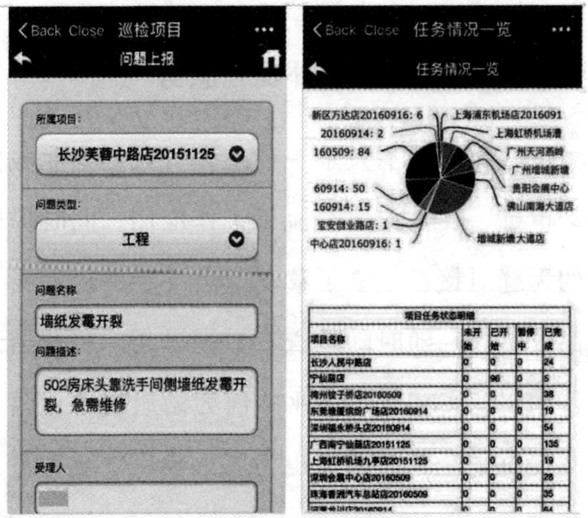

图4　巡检项目与任务界面

九、满足维也纳智慧、高效、顺畅的运行需求

（1）沟通提升管理效率。通过企业微信实现酒店管理移动化，解决了酒店沟通中存在的成本高、协作效率低、信息流动难、信息泄露等问题。

（2）**信息及时同步更新。**OA 系统的接入让酒店员工随时随地在手机上进行考勤、请假、公告、报销等操作，真正实现无纸移动化办公，极大地提升了酒店员工的工作效率。

（3）**推动业务发展提升。**PMS 接入从入住办理、客人就餐、客房清理、退房结账等传统流程切入，对管理者、员工及客户进行全局连接，打通企业上下游，让酒店管理者能够实时了解酒店运营动态，进一步帮助企业优化复杂的管理架构，提升企业管理协同能力。

十、对内提高效率，对外优化服务

企业微信给酒店的不只是一种工作方式。企业微信提供了基础的移动审批、线上沟通交流等工作应用，同时提供与企业内部系统的无缝对接，丰富了移动办公平台的应用形态，帮助企业内部高效管理、随时随地查看数据分析，实现运营管理的标准化、移动化、实时化。企业微信为酒店提升运营效率、节省人力成本提供了全新思路，也为客人提供了更为舒适、便捷的住店体验。

金融保险行业应用案例

案例十九

江苏人保：

智能化业务管理平台打造“互联网 + 保险”新生态

保险科技是拓展保障功能的根本驱动力，是保险业转型发展的核心竞争力。发展保险科技已成为保险业数字化转型的重要途径，同时也在战略规划、企业文化、资源匹配以及组织形式等方面对保险业提出了新的要求。

——原中国保监会副主席 周延礼

随着云计算、大数据、人工智能、区块链等高新技术的发展，传统保险企业掀起了一场数字化浪潮，保险业的运行方式和消费场景都出现了巨大变化。新的时代，保险行业需要应势而谋、因势而动、顺势而为。

船大难掉头，拥有近 12000 名在编员工（其中销售人员 4000 多人）和几十万名各级代理人、车商等合作伙伴的中国人民财产保险股份有限公司江苏省分公司（以下简称“江苏人保”），如何在数字化转型中提升保险服务质量，促进客户经营和管理，有效挖掘保险需求，降低交易服务成本，提升核心竞争力，成为摆在企业发展面前的重要考验。

一、业务拓展面临三大挑战

业务规模的快速扩张和人员数量的不断增加，江苏人保原有管理手段在内部层层管理过程中存在多方面困难，企业在数字化转型浪潮下面临三大挑战。

（1）**沟通管理遇难题。**企业人员多，组织层级多，信息层层传递，效率层层衰减。

（2）**信息同步遇难题。**人员结构变化快，员工信息同步难，运营报表、业务预警实时性有待提升。

（3）**业务提升遇难题。**市场竞争激烈，工作效率亟须提升。复合型人才需求扩大，员工的学习欲望增加。

二、注册双企微账号，员工与业务分权管理

江苏人保拥有在编员工近12000人，其中销售人员4000多人，客户理赔服务人员3500多人，各种内勤人员3500多人。除此之外，江苏人保还拥有几十万名各级的合作伙伴，例如，代理人、车商等。因此，人员管理这块的工作量非常繁重。

双企业微信账号，内部管理、销售管理两不误。江苏人保先后注册了两个企业微信账号：一个作为内部业务平台，用于提升在编员工的日常工作效率；另一个作为移动销售平台，用于管理销售团队，实现对投保全流程的连接（见图1）。

清晰的组织架构，让找人更方便，更精细化地实现数据分析和统计。通过精准快速地设置审批流程，提高业务处理效率。另外，结合标签功能，还能灵活地管理应用可见范围等。

图 1　江苏人保企业微信界面

三、即刻上手无障碍，应用推广成本低

保险从业人员日常办公需要使用多个应用，不仅应用之间切换麻烦，而且由于 App 经常需要升级，使用十分不便，消息触达率也很低。对于企业而言，应用开发、迭代、各系统端适配和服务器运维、推广等，都是极大的成本。

多终端、架构稳，新应用推广成本低、效率高。江苏人保在信息化建设方面起步早，基于企业微信多终端、移动网络架构稳定、可以低成本快速部署和分权管理应用等优势，已陆续在平台上接入了50多个应用，员工激活率高达98%。

技术人员在上线新应用时，只需一次配置便能实现在企业微信和企业微信插件（原企业号）两个终端的同步展示。无论员工在微信还是在企业微信里，都能接收到企业推送的重要通知和使用企业的办公应用。

目前，已有56%的员工安装了企业微信独立App，将企业微信作为专注工作的平台。由于秉承微信的交互体验，员工学习成本低，江苏人保几乎没有对员工进行任何培训，便实现了全员推广和应用。

四、业务动态自动推送，实时接收提升服务能力

作为服务行业，为提升客户体验，保险公司的工作人员需要随时随地处理日常工作事务。以前，江苏人保仅仅将移动端应用作为PC端的补充。随着保险从业人员结构的变化和手机设备的更新换代，有越来越多的办公场景反而在手机上完成。

“标准化+个性化”设置，自动推送提高效率。企业微信可以将保险公司内部管理系统的功能进行整合，实现一键登录，帮助外勤员工及时接收工作事项提醒，随时随地通过手机完成在线审批和处理等工作。江苏人保在企业微信后台建立了很多标准化的消息推送模板，分别对接不同的数据表单，通过设置推送条件、推送对象、推送频率等参数，系统会自动向管理者和员工推送类似运营报表、业务预警等信息。员工即便不在电脑前，也能第一时间掌握业务动态，从而提升工作效率。

五、营销员在线注册，效率与合法性双提升

一方面，保险公司有提升服务效率，快速吸纳更多营销员去占领市场的需求；另一方面，保险销售代理公司也必须严格遵守监管部门对营销员的合规性要求。同时，保险行业较为频繁的人员流动意味着保险行业HR面临大量的人员管理工作，亟须解决系统分散、人员培训等问题。

营销员线上注册—考试—合同签署一条龙。基于合法合规原则，江苏人保创新了一套线上注册营销员的流程。有意愿成为人保销售营销员的人，需要在微信链接里填写个人信息，并参加完整的线上执业资格考试（见图2）。在通过考试并签署相关合同后，后台会将该员工自动加入企业微信通讯录，以便后

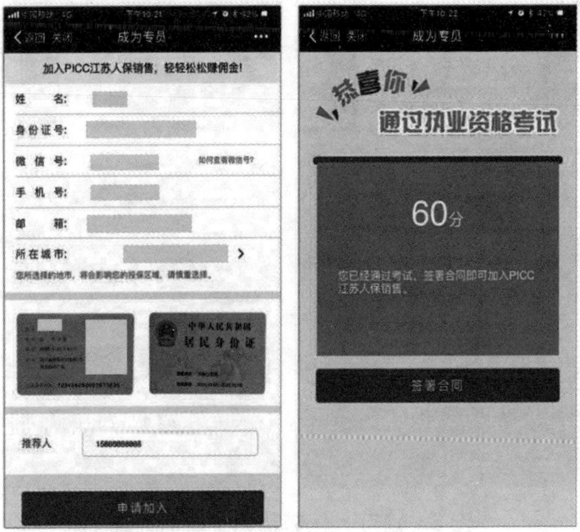

图2　营销员线上注册、考试界面

续管理。相比以前线下考试的复杂流程，效率得以大幅提升，运营成本得到有效控制。

六、佣金即刻提现，激发员工积极性

以前，客户投保成功后一周左右，销售人员才能收到佣金。佣金从江苏人保总部到合作伙伴、销售渠道，再到个人，以现金或转账的方式进行发放，等待周期长且存在返佣不透明的隐患。

企业微信实现佣金即刻提现。现在，江苏人保通过直属的销售公司垫付佣金。当客户投保成功后，销售人员会立刻收到企业微信发来的返佣通知，提现后佣金会自动入账到微信零钱包（见图3）。在这里，销售人员能明确了解自己的返佣比例以

图3 江苏人保销售佣金提取界面

及扣税情况。后续，江苏人保总部统一结算后，再把佣金一并补给销售公司。该模式从最开始在4个城市试行，仅两个月时间就通过企业微信累计支付佣金达0.26亿元。

七、流程管理智能化，杜绝风险、提升效率

保险业对安全的管控非常严格，因此，其内部设有非常多的审批环节，除了日常的请假报销，还有成千上万与业务相关的流程管理，例如，超权限业务申请、超权限理赔申请等。传统的纸质审批显然无法满足如此庞杂的管理需求。

流程管理智能化，工作效率大幅提升。江苏人保在企业微信里接入了“流程专家”（见图4）。“流程专家”可以根据组织架构，自动筛选出上级或特定职务作为审批人。针对同一个流

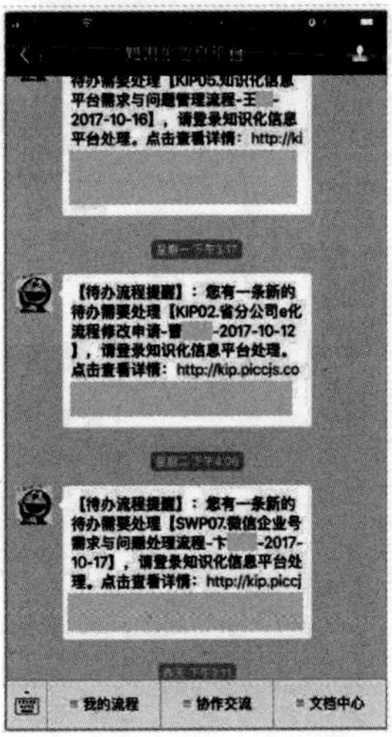

图4　江苏人保“流程专家”

程单，可以根据不同的申请条件执行不同的审批流程。并且，通过对接已有业务系统，可以实现信息之间的互通。企业微信为“流程专家”提供了实时可靠的消息触达通道，相关人员在手机上就能完成审批，从而大幅提升工作效率。

八、移动化学习平台，助力员工自我提升

保险公司的发展与行业条例、国家法律法规息息相关，保险人必须时刻保持敏锐的触觉，因此，江苏人保将做好知识沉淀、知识分享与知识管理作为企业发展的重要任务。同时，江苏人保坚持“以客户为中心”，在客户服务以及应对突发事件等方面积累深厚，这些经验都需要传承。

移动化知识积累、跨系统信息共享。江苏人保建立了自己的知识化信息平台（见图5），提供文档创建、编辑、分类、查看、分享等一系列功能。管理员可以对这些操作设置权限，从而确保知识的高品质与安全。员工可以通过通知、公告、应用等方式获取对自己有用的内容，利用碎片化时间学习，实现自我提升。除此之外，知识管理系统也实现了与其他业务系统的对接，满足跨系统的信息共享。

图5　江苏人保知识化信息平台

九、战胜沟通、信息同步、业务提升三大挑战

（1）**沟通提升管理效率**。企业微信与微信一致的体验，降低了推广使用成本。同时使用两个企业微信账号，有效提升了内部管理和销售管理两方面的效率。

（2）**信息及时同步更新**。利用模板实现信息自动推送，提高企业运营效率。

（3）**推动业务发展提升**。企业微信实现销售人员即刻佣金提现，知识管理系统响应员工自我提升需求，极大地激发了员工工作积极性。营销员“线上注册—考试通过—合同签署”一条龙服务，合法合规地快速扩张从业人员规模。流程管理智能化，工作效率有提升。

十、企业内外部生态为业务、管理赋能

企业微信帮助保险企业快速构建数字化运营平台，并与微信实现多场景的打通，为保险代理人的工作开展提供便利，是保险行业发展和创新的重要工具。在未来，企业微信将更多连接微信生态，连接企业内外，帮保险企业创造更多可能。

物流行业应用案例

案例二十

百世集团：

智慧管理系统带来物流数字化新发展

数字化技术正在推动行业转型升级，在技术创新方面，物流业不能单打独斗，需要与其他行业共同发展，联合创新。为此，物流业要树立“无中生有，有中生新”的理念，服务要智能化，管理要现代化，运输要高效化；同时也要重视末端，走向国际，与其他行业融合发展。

——中国快递协会会长 高宏峰

212 个运作中心、280 余万平方米仓库及转运中心；

8000 多全职员工、上万个认证加盟商及合作伙伴；

仓储配送网络覆盖全国，并延深至县、乡级区域。

在电商发展的带动下，以百世集团为代表的物流企业进入了前所未有的快速增长阶段。但在快递量迅速增长的同时也对物流企业高效的信息管理能力提出了新的挑战。高度依赖人力，配送网络庞杂，上下游供应链复杂……这些物流行业发展存在的普遍问题在百世集团身上也未逃脱。面对百家争鸣的物流行业，如何利用云计算、大数据、物联网等数字技术，提升企业运营管理效率，打造智慧物流体系，成为百世集团在物流行业中决胜的关键。

一、管理效率提升遇三大瓶颈

物流行业快速发展，快递量迅猛增长，人员规模大幅扩张给内部沟通、信息同步、业务管理提升带来了挑战。

（1）**沟通管理遇难题**。百世集团的员工分布在全国各地，异地沟通频繁；员工碎片化学习需求未得到满足。

（2）**信息同步遇难题**。企业办公系统都在PC端，领导审批、员工使用不方便；各地网点只能靠主动浏览查看集团公告，信息获取不及时。

（3）**业务提升遇难题**。加盟网点多，网点外包人员多，网点管理不够规范；站点、运输系统效率低；已有供货、配货渠道资源难以促成交易。

二、考勤管理，维护工作秩序

为提高快递配送速度，百世集团采取轮班制，企业为各个地区设置了排班员，由排班员为该地区每一位员工进行排班，员工上下班都需要打卡。但以往打卡考勤都需要到配送点签到，十分耗费人力物力。

手机考勤，及时按时打卡。现在，通过企业微信的考勤功能，员工可以查看当天上下班应签到时间和历史考勤记录，后台自动发送考勤异常通知，帮助员工及时按时打卡，维护正常工作秩序（见图1）。

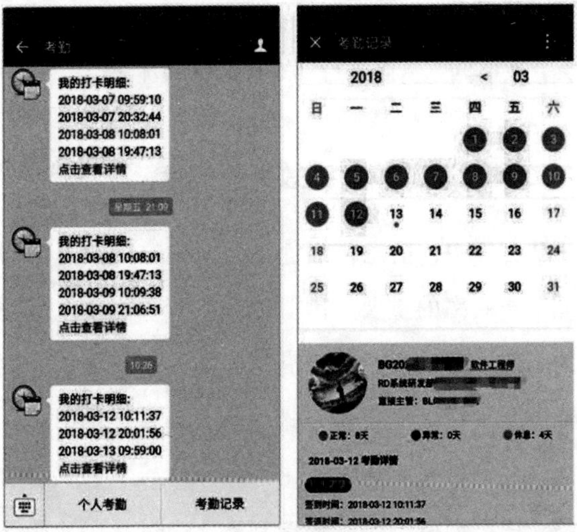

图1 考勤记录界面

三、任务单追踪，实现管理优化

快递业务地域分布广，人员规模大，以前司机从接单到前往各分拨点装货出货，整个流程对企业不可见，因此，企业也无法监管。

关联考勤和任务单，司机进出港管理透明化。企业微信的引入使配送流程追踪难题迎刃而解。基于地理位置采集和“扫一扫”功能，企业微信后台将考勤和任务单自动进行关联，帮助企业及时追踪任务单执行情况，完成计费流程。

现在，司机到装货点扫一扫任务单领取任务，并进行该任务单的考勤，在进港、出港时进行打卡，企业可掌握各个环节的耗时。通过数据分析结果，企业管理者就能快速找出配送环节的问题，比如，到底是因为司机迟到了还是因为分拨点管理不规范导致耗时长、效率低，从而进行针对性的管理优化。

四、工作汇报提醒，高效掌握进度

在团队工作中，信息传递速度慢、内容残缺是阻碍项目进展和降低工作效率的重要原因。以往主管只能在电脑端查看下属员工的工作报备情况，信息获取不方便、不及时。同时，由于每天都需要进行工作报备，碰上业务量繁忙的时候，员工遗漏总结的情况也时有发生。

日报、周报提醒，团队管理利器。通过在企业微信上线工作汇报功能，每天后台会定时提醒员工按时提交工作日报、周报，防止员工遗忘报告（见图2）。现在，主管在手机上就可以及时查看下属员工的工作情况，掌握项目进度，信息处理更及时。

通过工作汇报抄送功能，帮助各部门之间互相合作、了解当前彼此的工作内容和工作目标，实现更好的协作。

图 2　工作汇报界面

五、移动化发展，提升管理效率

以往管理人员对网点相关工作的审批均通过 PC 端完成，操作成本高、操作不便利，大大降低了站点服务的实时性。同时，管理人员难以对异常情况进行敏捷反馈，限制了企业管理效率的提升。

移动化发展，管理、审批手机全搞定。百世集团的 Q9 系统是专门为各地站点提供服务的平台，以往员工只能在 PC 上操作。现在，通过在企业微信全面集成快运系统，成功地帮企业实现了管理系统的移动化迁移。

各个站点可以在 Q9 系统查看当前出现异常的派单，并查看异常详情，比如，联系不上收件人等。拦截件可以通过登记拦截原因返回到上一个站点并填写拦截原因。站点负责人还可以查看当前运营情况报表展示和待办事项，完成面单余量查询和面单申请。一个站点大大小小的事务都可以在这里得到处理，站点工作效率大幅提高。

同时，百世集团将快运系统的审批功能也集成到了企业微信，使所有和网点相关的费用审批、营销审批等各种流程都能在手机上完成。网点负责人出差不带电脑也可以完成工作。

六、知识培训，打造学习型组织

工作节奏加快，员工碎片化学习的需求日益高涨。随着移动互联网的发展，手机端学习成为员工的优先选择。如何把培训接入移动端，让员工更高效地利用碎片化时间学习业务相关知识是百世集团一直想要解决的难题。

百世大学，打造学习型组织。百世集团将企业内部培训管家——百世大学接入企业微信，致力于打造一个让员工每天可以利用碎片化时间学习更多企业、业务相关知识的消息平台（见图 3）。

百世大学里上传了新员工入职指引、公司流程制度、培训信息、558 文化、员工活动信息查询和宣传推广等资料，激发了员工的学习兴趣，助力百世集团打造学习型的组织。

图3　百世大学

七、高效信息收集，减少人力消耗

借助企业微信丰富的办公应用及开放的API，物流企业可以打通多平台、多系统，实现信息的透明化，让企业决策能够高效、安全地触达每位员工。

“表哥”是百世集团在企业微信上提供的移动端数据采集的入口（见图4）。不管是培训结束后的打分，还是乘车安排、体检活动报名、办公用品申请信息都可以利用这个应用，满足企业轻松收集各类信息的需求。

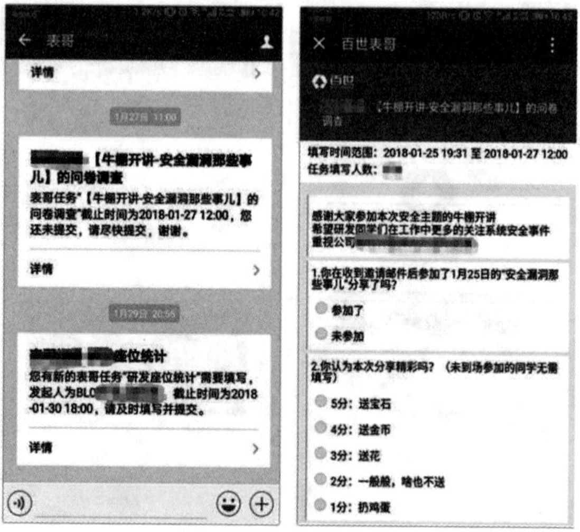

图4　百世"表哥"

八、移动 BI 报表，运营状况实时掌握

入库单、发货清单、配送单……百世集团每天都会产生大量的表单，过去这些表单只能通过管理员手工输入和整理，数据录入工作烦琐。同时，报表分析也只能通过人工进行，十分费时费力，无法满足数据及时查看与分析的需求。

移动报表可视化呈现，业务数据、趋势分析实时查看。企业微信移动 BI 报表功能的上线，让及时、高效、准确的报表分析成为现实。百世集团将公司的业务数据利用移动 BI 报表进行可视化呈现，可以更直观地看到当日的签收单量、出件量、电子面单量的实时核心数据以及变化趋势。通过报表将业务数据动态呈现，管理层可以充分掌握企业运营状态，并用数据辅助决策。

除了在快递业务管理上，百世集团还利用企业微信连接上下游的品牌供应商及实体门店，通过移动报表动态呈现业务数据，企业可以随时了解便利店经营状态，及时调整销售策略。

企业微信的移动 BI 报表功能可针对不同管理者呈现多元化数据。为供应商、品牌商提供各个品牌的销售量、销售额、客单价、销售趋势等数据；为门店老板提供日常的类目、时段销售、总体销售，以及近一段时间的销售状况和趋势；为企业内部员工提供订单数、GMV（成交总额）、动销商户数、销售 KPI 等数据。

九、内购商城实现多方互惠互利

物流公司平时自然接触到大量供货渠道和客户，百世集团也希望利用这种优势打通价值链，实现效益的提升，但是选择哪种方式是需要深思熟虑的问题。

搭建内购平台，实现多方获利。百世集团在企业微信上搭建了内购商城掌上淘（见图 5）。商城产品由百世客户提供。利用自带的物流系统运输，百世集团帮助客户销售更多商品，增强客户与企业的合作黏性，再以优惠的价格提供给百世的员工，实现了客户、公司、员工三方的互惠互利。

另外，在连接微信生态后，企业微信将与微信 10 亿活跃用户产生更加紧密的连接。百世集团也将连接到更多的客户、合作方与供应链条，彻底打破沟通鸿沟，打造出完美的内外部信息闭环。

图5　掌上淘

十、企业微信推动百世集团打造智慧物流体系

（1）**沟通提升管理效率。**全员接入企业微信，丰富的消息类型、语音通话满足了跨地域沟通需求。

（2）**信息及时同步更新。**公司流程管理全面移动化，学习内容与企业微信同步更新，工作学习实时性得到提升，管理、审批均可通过手机移动端搞定。

（3）**推动业务发展提升。**通过考勤，任务单扫一扫签到，监督子公司管理和货物的进出港；向移动化方向发展，站点管理系统集成到企业微信，手机上可随时查看任务；搭建内购平台，打通价值链前后端，多方获利，实现效益最大化。

十一、为物流行业各应用场景配备解决方案

物流业丰富的应用场景使其天生具备数字化、智能化发展的优秀基因。伴随用户需求的不断升级变化，现代物流企业都在朝着智能化物流方向发展，这是物流行业向前发展的必然要求。接入企业微信，将数字技术应用于传统物流行业中，打造高效、智慧的移动信息管理平台，实现物流的自动化、可控化、智能化、信息化，为现代物流企业带来更大的价值。

案例二十一

德邦快递：

降低成本、优化环节，数字化运营带来物流业利润提升

谁的效率高、成本低，谁的客单利润就高。所以，快递数字化的逻辑就是找出流程中可以提高效率、降低成本的环节，通过数字化手段加以简化和解决。很多人说我们的直营网点和车辆投入多，但这些都不是绝对的壁垒。只要拥有核心技术，要超越就很难。

——德邦快递集团副总裁、德邦科技总裁 钟智龙

德邦快递自1996年成立，是联动快递、物流、跨境、仓储与供应链的综合性物流供应商。伴随全球性的消费升级浪潮，电商件的凶猛上涨，市场对于大件快递的潜在需求快速增加。德邦快递结合国际快递市场发展趋势，以及自身在大件物流22年的运营经验和基因，战略布局大件快递市场。

如今，德邦快递已成为大件快递的重新定义者，在基因、技术、经验、人才上都具有不可比拟的先发优势。作为组织架

构庞大、人员众多的物流行业，如何将多平台、多系统打通，做到信息集成化、透明化，实现企业决策对内对外高效、安全地触达，推动智慧物流建设，是德邦快递继续向前发展需要解决的关键议题。

一、德邦快递经营管理的三大挑战

德邦快递业务范围快速扩张，员工队伍不断壮大，供应商数量迅猛增加，企业发展规模不断站上新的台阶，但企业内部管理手段并未跟上，导致企业发展面临三大挑战。

（1）**内外部沟通有壁垒**。跨部门沟通有墙，跨地域交流有坑，内外部沟通协调缺乏一个统一、安全、高效的沟通平台。

（2）**信息同步与传送耗时耗力**。每天大量的信息通过纸质的方式进行传送，不仅费用不菲，信息传递时效性也很差。

（3）**企业文化建设需求更为迫切**。企业文化有口号无执行，有执行无感知，企业文化无法深入人心。

二、打破企业内部沟通的墙

德邦快递的业务覆盖全球35个国家和地区，拥有1万多家门店，3万多个部门，超过14万名员工。面对规模庞大的沟通需求，德邦快递以前竟没有一个统一的沟通工具，工作基本靠微信交流。

集团总部要联系子公司的人、各地要相互联系时找人很不方便。由于群聊人数的限制，大型项目也不能把所有人拉到一个群。

提升沟通效率，降低沟通成本。为解决内部沟通不畅的问题，德邦快递自 2017 年 6 月开始研究企业微信，并在企业内部迅速推广。到 2018 年 3 月，日活跃量已达到 6 万、安装量实现 11 万。在使用企业微信后，德邦快递将公司 14 万人导入了组织架构，无论在 PC 端还是手机端，都可以根据员工姓名、手机号搜索到人，发起即时聊天。在 PC 端，德邦物流禁用了个人聊天工具，保证企业沟通都在企业微信内完成。除了文字聊天，企业微信还免费自带语音沟通、文件共享和邮件功能，大幅降低了企业沟通成本。其中，微信与企业微信沟通功能对比如表 1 所示。

表 1　微信与企业微信沟通功能对比

微信	PK	企业微信
需要是微信好友，没有对方微信就没法弄	多个群聊工作	无须加对方微信，直接选人即可
群人数上限为 500 人	群成员上限问题	群人数上限为 2000 人
靠人管，群主需要手动处理，难管理	有人离职，群主怎么办	在 HR 系统离职后，系统自动清理
完全不知道谁看了、谁没看	发的消息大家看到没	回执消息功能，看了、没看都知道
是微信好友才能多方通话	开个远程的小会	快速发起多方通话，还能共享 PPT
直接设置消息不提醒、不弹出，有时忘记改过来，很多消息没看	消息要设置免打扰	可设置休息一下，可以小休 1 小时开会，也可以设置下班了不接收消息

续表

微信	PK	企业微信
被微信里其他消息淹没掉，可能没看到	休息时，领导发了条消息	可设置重要联系人，提醒清晰，不被淹没
重要消息只靠脑袋记，容易忘	重要消息不能忘记	可设置“我的待办”，设置定时提醒，不会忘

除此之外，德邦快递还开启了水印功能，群聊界面、通讯录界面会显示员工姓名和手机尾号水印，确保工作聊天不被截图泄露。

三、搭建与供应商安全沟通的桥

业务规模快速扩大，推动德邦快递在物资与服务方面的采购需求不断增加，这也为不法分子冒充德邦快递采购部主管与员工本人或亲属、朋友等向德邦快递供应商行骗提供了可乘之机。因此，过去德邦快递总部时常收到供应商受骗的投诉。

实名沟通，让沟通更安全、更便捷。这些问题在德邦快递将企业微信作为内部唯一办公沟通工具后都迎刃而解。德邦快递的诸多供应商随之被带动起来开始使用企业微信，德邦快递内部、外部交流沟通更方便。

运用企业微信的外部人联系功能，不同企业的人都可以在企业微信里拉群沟通，群里会显示当前企业数目、群成员的姓名和所属企业，真实信息一目了然，省去了在个人沟通软件里先自我介绍、再互相修改群昵称的过程。

由于群内成员肯定是企业通讯录内的员工，如果已离职也会显示为离职状态，杜绝了冒充或者离职后依然被当作外部企业接口人沟通的情况，保证了群内成员及沟通信息的有效性和真实性，企业之间的沟通更安全。

四、随时随地掌握公司收入情况

企业领导需要每天了解公司各个业务的收入情况，比如，德邦快递的整车业务、零担业务等。以前这些信息都通过短信发送，当汇报内容过长时，还会分成多条短信发送，阅读体验非常不好。

每日收入随时查，领导更放心。现在，德邦快递所有的每日收入汇报都通过企业微信推送给领导，分类清晰，内容完整，手机上随时查看，还可方便地回顾历史数据。

五、零成本解决投诉单信息传送问题

在物流行业，每天会处理大量的客户投诉反馈。当客户投诉到客服时，呼叫中心部门需要将投诉单下发到各个相关部门负责人。以前这些信息德邦快递都是用短信来发送的，一年仅呼叫中心短信成本就能达到240万元。

简化投诉单运维，一年节省240万元短信成本。现在投诉单下发改用企业微信，实时推送到一线业务员，一方面，可以降低成本；另一方面，推动所有一线员工都使用企业微信，统一企业内部沟通软件（见图1）。

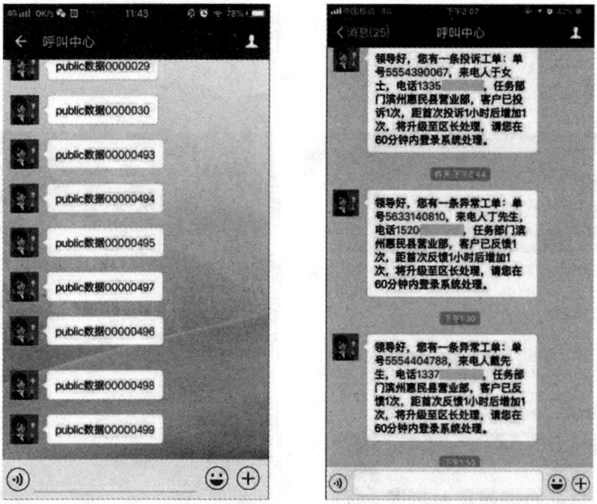

图1　德邦快递呼叫中心投诉处理页面

六、座位班车自助查询，办公效率有提升

快速增长的经营业绩也带来人员规模和企业办公区域的不断扩大，不同部门分散在企业园区的各栋大楼里。过去，想要在企业园区内找人是件极其费时费力的事情，如何确定对方的准确位置是找人需要解决的首要难题。

线上查询工位，找人更容易。因为企业园区很大，员工分布在多个办公楼里，德邦快递的员工找人前需要先查到对方准确的工位。在企业微信上建立行政服务中心后，结合企业实际情况，德邦快递选择了先上线公司内部经常用到的查工位服务。

在确定对方的位置之后，面对场地宽大的企业园区，如何快速到达对方所在大楼也是困扰员工的一大难题。为此，行政服务中心还上线了班车时刻表供员工自助查询（见图 2）。这些服务给员工的生活和工作带来了极大的便利。

图 2　德邦快递行政服务页面

七、建立服务后台，财务操作更轻便

以前，德邦快递财务人员与大客户的财务人员之间的定期对账工作只可以通过电话和邮件沟通，沟通效率难以提升，对账效率低下。同样的，员工有问题也主要依靠打电话、发邮件来解决，给员工的日常工作带来了极大的不便，业务部门的工作量也明显增大。

不用打电话，财务服务更便捷。引入企业微信后，德邦快递内部的各个业务，比如，财经、人力、合同、绩效、跨境业务等都在企业微信上开通了应用进行专项服务，每个应用后有一个客服小组，负责整个公司业务的解答。

利用财务服务台后，德邦快递员工在手机上有了了解各类财政服务的入口，可以看到最新的财务项目情况、公告通知，还可以完成开具电子发票等操作，便利了财务人员与外部大客户完成对账工作，极大地提升了工作效率（见图3）。

图3　德邦快递财务对账功能

八、及时处理 IT 故障，保障系统正常运行

在数字经济时代，德邦快递加速智慧物流布局，不断更新改造现有的信息系统。在依托新技术提高物流效率、节约物流成本的同时也对企业的 IT 系统检测、维修等服务能力提出了更高的要求。

系统自动报警，IT 服务更及时。作为企业微信在公司使用的倡导者，德邦快递 IT 服务部率先利用企业微信对 IT 服务能力进行了大幅的优化提升。

过去为了保持系统的稳定运行，IT 部员工需要定时检查系统运行情况，很多时候要等到系统出现明显问题时才去解决，不仅十分浪费时间，效率低下，甚至可能影响业务正常运营。现在，当 IT 系统出现故障时，IT 部员工会及时收到报警消息进行处理，有效提升系统故障处理效率。

对于普通员工，如发现系统有问题，可以直接线上提交维修请求，还能看到问题单是谁在处理和处理进度，保持实时跟进系统处理情况，加快处理速度（见图 4）。

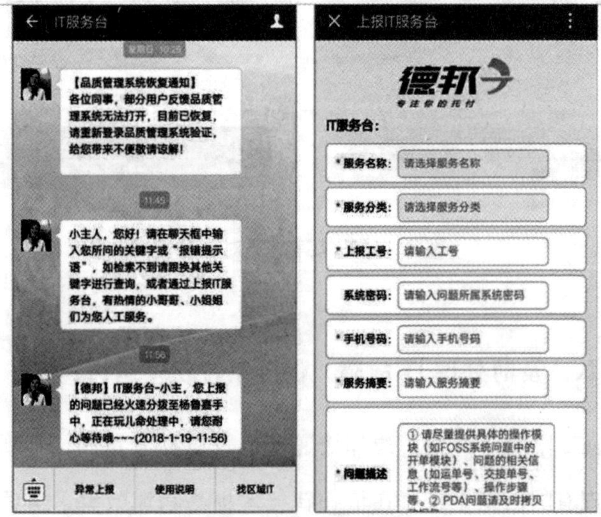

图 4　德邦快递 IT 服务台

九、搭建员工互动平台，提升文化软实力

企业文化是企业的灵魂和推动企业发展的不竭动力。随着德邦物流经营业绩和发展规模不断迈上新台阶，文化软实力也逐渐转变成战略创新的硬实力。如何让员工发声、表达想法、交流情感，让员工有尊严、有幸福感、有获得感，成为德邦快递提升企业文化软实力的首要任务。

打造企业自己可管理的朋友圈。借助企业微信的平台，德邦快递上线了企业社区“朋友圈”。朋友圈受到了广大员工的喜爱，应用活跃度非常高。员工在社区里畅所欲言，既可以聊生活、聊兴趣，分享自己的故事，寻找志同道合的伙伴，也可以聊工作，关注高层动态，给企业投稿提建议，助力德邦快递长青发展。

同时，企业后台管理者在PC端和移动端都能方便地进行管理，对发布的帖子进行审核、删除等操作，确保社区拥有健康良好的氛围。

十、帮助德邦快递实现人与系统连接，加快信息流转

自接入企业微信以来，短短一年内，德邦快递使用企业微信的员工数量多达14.8万人，日活跃量高达60%，日均消息发送量已达千万级以上，每天进入应用的次数超35万人次，整个在线部门达33000多个，轻松实现企业内外部信息高效流转。

（1）全方位打破沟通壁垒。从连接人到连接企业，企业微

信为德邦快递业务各环节与场景提供更为实用的解决方案，彻底打破了14万名员工的庞大沟通鸿沟，打破了新时代下物流行业的“连接壁垒”，建立了动态应对市场环境和内部管理的信息交互桥梁。

（2）**信息查询与操作更便捷。**过去层层手工签字的纸质信息传达方式耗费人力、物力与财力，在接入企业微信后，收入信息、财务信息、工位信息、IT故障等信息实现及时同步、快速传递，办公效率显著提升。

（3）**为提升企业文化软实力搭建舞台。**企业微信通过为德邦物流打造企业自己可管理的朋友圈，为员工搭建自由表达情感、交流信息的舞台，提升员工的归属感，增强企业文化软实力。

十一、连接行业生态体系，提升沟通协调效率

如何安全、便捷和高效地实现企业内外部沟通交流是推进企业数字化转型的首要目标。在德邦快递，企业微信通过在企业内、外部搭建完备的沟通管理链条，打通所有数据，对内连接一线员工、管理者、网点和各职能部门，对外连接供应商、客户订单、商务合作等，建立起了一个跨地域、跨层级、跨部门的沟通协作平台，为德邦快递各业务环节、各工作场景提供实用和高效的解决方案，打破了新时代下物流行业的“连接壁垒”，建立了动态应对市场环境和内部管理的信息交互桥梁，打造并夯实了智慧物流“四大关键连接”的生态闭环。

疯狂的企业微信

FENGKUANG DE QIYE WEIXIN

交通运输行业应用案例

案例二十二

成都地铁：

信息化管理体系建设打造企业管理“加速度”

> 加快建立以科技创新为引领、以智慧交通为主攻方向、以人才为支撑的创新发展体系。加快建设创新型行业，实施科技创新引领战略。推动互联网、大数据、人工智能同交通运输深度融合，构建数字化、网络化、智能化的智慧交通体系。加强人才支撑体系建设，培育合格的交通强国建设者。
>
> ——交通运输部党组书记 杨传堂

7 条轨道交通线路，运营里程 239 公里；

168 座车站，单日最高客运量 485.51 万人次。

地铁作为成都打造多样化、立体化的交通格局和便捷、高效轨道交通网络的主力军，已然成为成都对外宣传的亮丽名片。地铁线路和里程的迅速增加，在缓解地区交通压力、实现便捷出行的同时也对地铁安全运营能力提出了更高的要求。成都地铁运营有限公司（以下简称“成都地铁”）作为成都市轨道交通运营管理和设备设施维护的掌舵者，面对城市交通发展的新时期、新形势，如何推动平安运营、智慧运营、创新运营，实现地铁运营的提质增效，成为企业发展面临的重要难题。

一、成都地铁高速发展的“必经站”

成都地铁高速发展，员工人数不断扩张，可企业管理手段没有及时更新，势必会遇到管理上的难题，这便出现了企业发展的三大“必经站”。

（1）**沟通管理遇难题**。企业发展迅速，员工通讯录更新不同步，交流缺乏平台。

（2）**信息同步遇难题**。数据报表不同步，运行数据缺乏实时监控。

（3）**业务提升遇难题**。乘务信息化需求高，站务巡视记录易出问题。

二、员工信息管理成功瘦身

传统的企业人力资源管理仍然主要依赖有关部门手工操作。大部分数据、资料都以 Excel、Word 文件等方式保存，员工的个人信息管理混乱无序，不易整理。有些信息年代久远无法查证，有些信息甚至自相矛盾，难以追溯。

手工录入的方式，耗费很多无谓的人力、物力，某些信息无法直接使用，产生很多重复劳动，对公司的人力管理成本造成了极大浪费。同时，由于每个员工使用社交软件的习惯不同，手机号等联系方式经常变动，导致企业内部通信管理缺乏系统性，员工之间的沟通交流有屏障。

通讯录实时更新，人力资源管理更方便。针对人力资源管理的问题，企业微信为成都地铁提出了解决方案。成都地铁在2017年3月23号注册企业微信账号，先从几百人规模开始试用。由于其秉承与微信一致的交互体验，试用效果非常好，当年4月10号已完成全员安装。同时，企业微信提供通讯录管理功能，可批量导入企业组织架构，后续员工手机号变动，只需要在客户端手动绑定新号，就能同步修改企业通讯录中的信息，做到实时更新。

成都地铁对公司全员实行通讯录的统一管理，在极大地节省公司人力管理成本的同时，大幅提升了人员管理效率，企业成功实现人力资源管理数字化转型。

三、基层运功信息化覆盖率从0到100

乘务、站务、维保人员占了轨道交通行业人力运营成本的80%，而这些基层员工的信息化覆盖几乎为零。例如，轨道交通行业必不可少的岗位——乘务，他们需要知道自己每天什么时候出勤，到目前为止自己已经执行了多少里程的运输任务，另外还需要提前预订当班时间段的餐食。以前，这些信息都是通过线下纸质的方式进行同步的，乘务人员也经常不得已吃到自己不喜欢的工作餐。

执行出勤任务更容易。通过对乘务信息化需求的梳理，成都地铁在企业微信平台上开发了值乘提示、里程记录、自助配餐的应用，实现了司机的智能出勤（见图 1）。

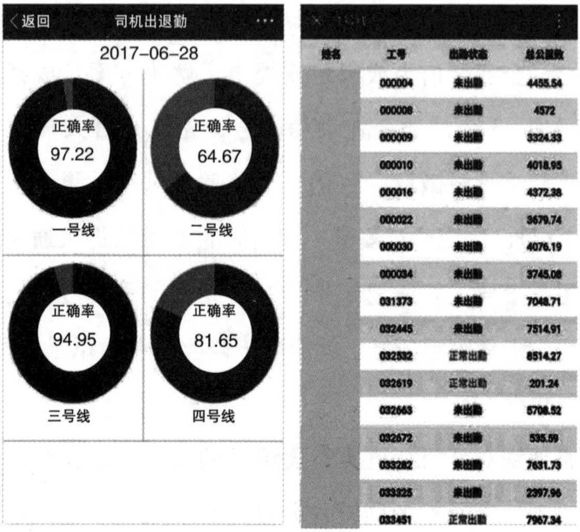

图 1　司机出退勤情况一览表示意

四、二维码签到提高交接班效率

作为支撑当下成千上万中国人日常工作、维护社会正常运转最重要的交通方式之一，地铁站务岗位是地铁站务管理中最常见、最平凡又最不可或缺的岗位。

过去，站务岗位实行倒班制度，每天巡视时工作人员都需要在专用本子上手动签到，并且通过台账方式来记录巡视过程中发生的问题。在移动互联网发展如此迅猛的今天，这样的方式无疑显得落后与低效。

在全面推广使用企业微信后，这一问题得到了顺利解决。

得益于企业微信丰富多样的功能应用，站务岗位员工在巡视时使用手机扫描二维码就可以轻松进行签到，并记录日常巡视情况及相关信息，大幅提高了每次交接班的效率。

五、搭建年轻员工互动平台

成都地铁近年来呈现员工年轻化趋势，其中不乏“80后”、“90后”。以前，员工在工作或生活中遇到困难，只能到外面的公众网络上吐槽和倾诉，公司领导很难实时掌握员工的思想动态，更别说去帮助他们解决问题。

掌握员工思想动态，及时给予关怀。基于以上考虑，成都地铁启用企业微信的“同事吧”应用，作为员工在内部交流的平台。有一次，升仙湖站下大雨，成都地铁的总工程师在同事吧里发了一条雨情信息，结果总经理第一时间回复，引得员工们纷纷跟帖，这件小事让大家感受到公司领导就在自己身边。再比如，有员工在这里提出关于人事流程、规章制度一类的问题，HR同事总是第一时间给出专业的答复。同事吧里还有很多有趣的事情，找老乡，侃房价，论实事，聊业务……

六、实时掌握设备运营动态

轨道交通行业具有重资产的特点，如何实现设备数据信息化是成都地铁一直在思考的问题。以前，运营日报需要人工采集数据并整理成报告，且只会推送给企业的管理层以及交通监管部门。

数据报表同步，覆盖基层员工。现在，后台自动从闸机设备等系统上直接获取数据，生成 H5 形式的报告，再通过企业微信推送给包括基层员工在内的企业全员（见图 2）。整个报告推送过程从以前的数小时缩短到几分钟，每个员工在手机上就能实时了解企业的运营动态。调度中心也可以根据长期的客流量总结出规律，灵活调配站务人员。另外，通过统计并展示设备系统的故障数量，设备维护人员能事先做好应对，有效提升故障处理效率。

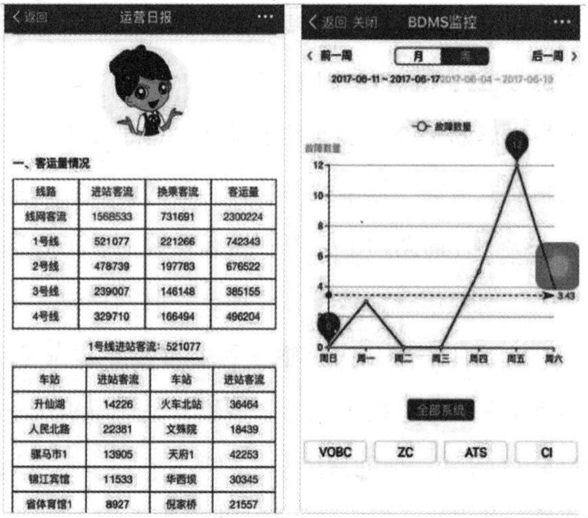

图 2　BDMS 监控一览表示意

七、三步完成运营数据管理

维保人员掌握着轨道交通运输的安全命脉，及时响应故障并迅速排除至关重要。但以前，由于运营数据采集难、数据传输速度慢，导致故障预警不及时，待故障发生后，领导和相关人员才跑到调度室了解情况，再通过电话调度指挥现场人员进行维修。

实现信息同步，监控运行数据，杜绝安全隐患

现在，通过企业微信，成都地铁管理人员在线就能随时掌握地铁运行数据（见图3）。

（1）接入车辆在线监测系统，领导和维保人员可随时随地查看车辆运行状态，在故障发生第一时间获取故障车辆相关信息。

（2）通过远程监控车门，实现提前预警。

（3）通过实时监测防洪点水位，保障安全出行这些运行数据贯穿预测故障—认领故障—奔赴故障—处理故障的整个流程，在很大程度上杜绝了安全隐患，提升了维保效率。

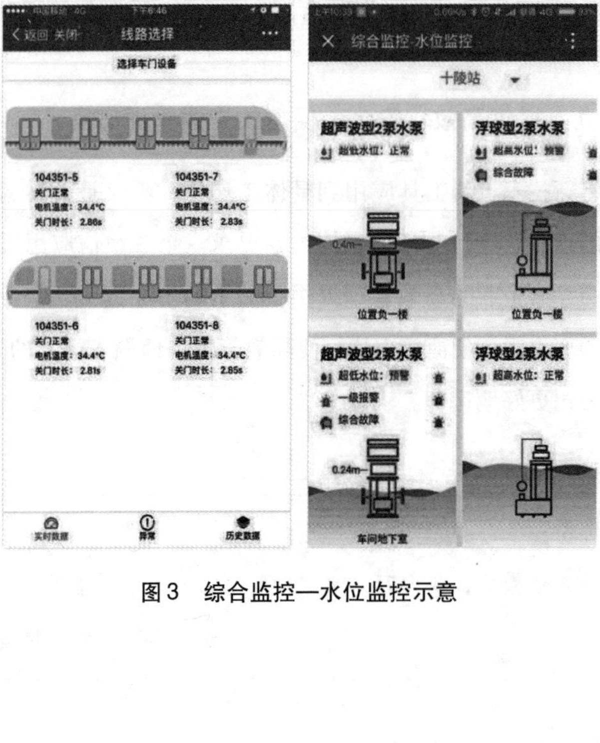

图3　综合监控—水位监控示意

八、地铁运营管理效率显著提升

（1）**沟通提升管理效率**。企业通讯录同步修改不仅为人力资源管理减负，还实现员工换号也不“失联”。同事吧的上线让跨年龄、跨地域、跨层级的沟通不再有阻碍。

（2）**信息及时同步更新**。企业微信即时同步各种信息报表、数据统计、考勤签到、交接工作，给员工带来便捷，为企业管理提升效率。

（3）**推动业务发展**。企业微信帮助成都地铁实现了乘务信息化，站务巡视记录更准确。随时监控各类问题隐患，时刻保证乘客的安全出行和地铁的正常运营。

九、提供高效、安全、便捷的交通管理方案

将新技术、新工具应用到具体工作中，不仅是公司运营高效率的路径，更是业务创新的内在要求。企业微信应用覆盖率的提高，为企业的高效管理提供了安全的解决方案。企业微信以一种更直观、便捷的方式，使高效管理悄悄融入员工的工作，帮助公司更好地运营。

客户评价：

用企业微信，我们可以更好地将每日百万级乘客平安送达。

——成都地铁丨轨道交通

矿业行业应用案例

案例二十三

紫金矿业：

数字化转型实现组织运营“十项全能”

> 若要在这个经历过历史新高和历史新低的行业周期中蓬勃发展，充分掌握新的机遇，矿业公司必须重新审视传统的矿业模型，深层的变革需要时间的沉淀。若想积极求变，精益求精，为未来开辟新的道路，行业必须专注于推动创新和数字化的持续投资。
>
> ——德勤全球矿业领导合伙人 菲利普·霍普伍德

紫金矿业集团股份有限公司是一家以金、铜、锌等金属矿产资源勘查和开发为主的大型矿业集团。紫金矿业位居 2018 年《财富》中国企业 500 强第 82 位，投资项目分布在国内 24 个省（自治区）和加拿大、澳大利亚、俄罗斯等 9 个国家。

在当前全球采矿业正面临商品价格下跌、全球需求减少、安全风险加大等行业背景下，为了保持竞争力，矿业公司必须更精简、更强大和更有创新性。就紫金矿业而言，基于行业自身特点和矿区地理位置分散、涉及作业种类繁多等现实问题，企业管理难度大幅加大。在移动互联网的趋势下，企业越来越需要通过移动办公的应用提高组织运营效率（见图1）。

图1　紫金矿业企业微信示意

一、移动互联时代的伤痛

（1）**组织效率低下**。紫金矿业组织机构复杂，人数众多，文件处理依然采用传统的方式层层审批，环节多，流程长，耗时长，效率低。

（2）**存在信息孤岛**。在互联网时代，企业更加注重信息化、智能化，为应对日常工作，紫金矿业内部存在OA协同办公、企业邮箱、人力资源、ERP与CRM等多个系统。如何将这些繁杂的App及其背后的系统、账号体系集成到一个平台上，对于紫金矿业而言是一个难题。

二、文件流程审批便捷化

紫金矿业的流程中涉及各种文件的处理，不同人员需要找领导当面审批，员工和领导都需要耗费较多时间，审批后也难以随时回溯过往文件。

移动处理文件，资料可存档。通过企业微信在“我的收文”应用里可以查看历史上处理过的文件汇总。“文件办理”应用里有所有待处理的文件，实现待办任务的消息集中推送、发起流程、一键审批等，员工还可以随时查看审批进度。有新增待处理文件时，还会以消息的形式被推送给负责审批的领导，极大地方便了员工和领导的文件处理，不仅能提高签办效率，而且能降低企业经营成本。

三、行业信息及时推送

矿业企业对行业信息非常关注，需要了解每日行业里各公司的最新动向、并购重组、资产出售等新闻动态。以往这些信息都是通过短信发送的，查看不方便，同时存在时效性差、触达率低的问题，也没有随时查看的汇总入口，消息分散。如今放在企业微信上后，重要新闻每日汇报、行业报告及时推送随时查看，为高管决策提供了便捷、有力的辅助（见图2）。

图2　行业信息推送示意

四、原料价格实时跟踪

矿业企业对金属、煤炭等原料价格的变动极其敏感，需要及时了解当日价格，并对当日市场从产能、价格波动等多角度进行分析盘点，还会给出走向预测，这些信息都会影响到企业的生产决策等核心环节。以往这些信息都是通过短信发送的，有成本，阅读体验也不好，现在都通过企业微信多端免费推送，并支持用更丰富的方式来展现（见图3）。

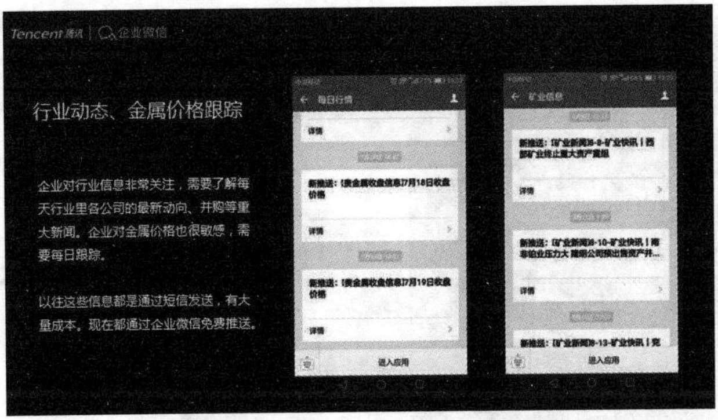

图3　行业动态、金属价格跟踪示意

五、法规政策全员学习

矿业企业需要对各类最新法规保持关注学习，比如，环保类、税务类法规。以往收集相关法规政策后，只有少部分人能看到，辛苦的信息收集工作并未发挥出真正的价值。

现在，紫金矿业将法规政策动态做成应用放到企业微信里，法规一旦更新就立刻被推送给相关的人员（见图4）。其他员工也可以进入应用，方便地查看感兴趣的内容。不仅如此，企业微信还支持员工主动投稿，分享自己对最新法规政策的见解，供大家一起学习。

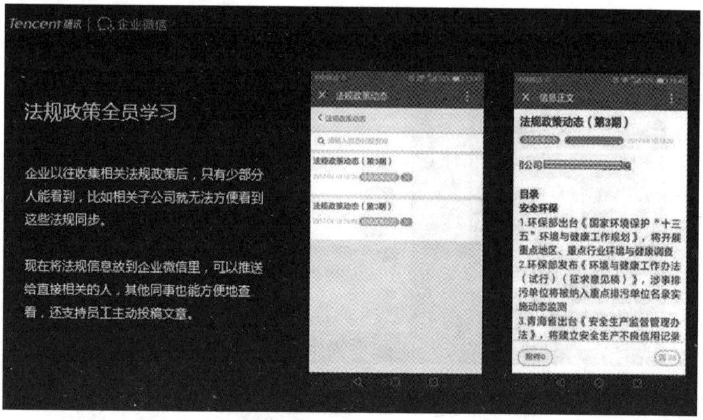

图4　法规政策学习平台示意

六、安全隐患随手拍

过去，当巡检人员发现安全隐患时，只能先拍照传到电脑上，再通过电脑上传解决，不仅问题反馈十分不方便，而且故障处理进程难以追踪，使得安全隐患迟迟难以得到解决。

现在，紫金矿业在企业微信功能中上线了安全问题随手拍的应用（见图5）。员工发现安全隐患，可以对现场拍照，直接通过手机上传提交问题发现地点、问题描述。收到反馈后，企业内负责安全的部门就会跟进处理，及时对确定有隐患的问题进行整改，保证问题得到及时反馈。通过一个小小的应用，就解决了反馈系统时效性问题，同时汇集了大家的力量，提高了企业的生产安全意识。

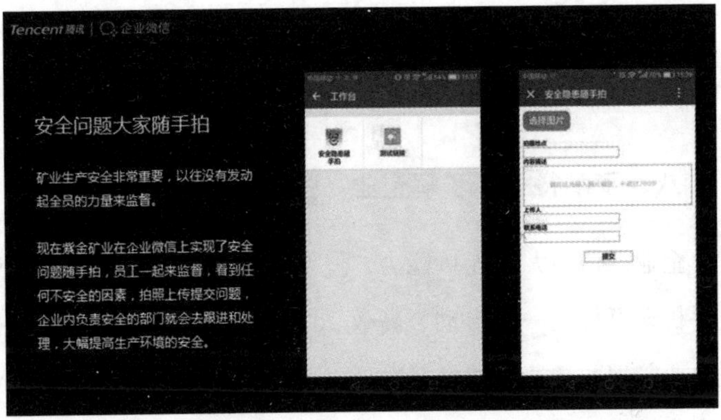

图5　安全隐患上报示意

七、矿业管理动态化，运行透明化

（1）**随时随地移动办公**。借助手机移动终端，企业员工可以利用碎片时间及时处理企业办公流程审批，可以随时查询企业发布的新闻动态，以及工作人员的联系方式。

（2）**信息发布更及时，传递更高效**。在群组发布通知和文件，将信息及时传达给每一位员工和相关人员，且不受时间地点限制，信息交流更方便。

（3）**业务处理更及时，流程更省时**。以前纸质单据审批需要两天时间，现在电子流程仅用1分钟，工作效率也得到了极大提高，各项工作更加方便快捷、准确实时。

（4）**集成系统，丰富服务**。除了基础的功能外，企业微信提供了丰富的API，可将原有功能应用于企业微信，通过二次开发进行有效的对接和统一。以企业微信为支撑，紫金矿业将碎片化的应用集中到移动服务平台，更好地向全公司提供重要信息通知、政策法规学习、安全隐患排查等多方面的服务。

八、了解行业，了解企业，强化为企业服务的能力

企业微信强大的连接能力，使企业无须通过电脑，只需通过手机即可打造一个自动、高效、协作的信息平台，从而为优化企业管理和加速企业良好融合发展提供了更多可能。在企业数字化转型的道路上，数据带来的价值最终会深入客户体验、业务流程、营运模式及业务方式等方方面面，因此，只有深入了解行业属性、知晓企业核心诉求，企业微信才能真正实现与企业的共同成长和双赢。

政府应用案例

案例二十四

广东省水利厅：

数字化管理联结 15000 个部门，打造掌上治水圈

广东省及广州、深圳市在智慧水利、智慧社会、智慧城市等方面走在前列，其突出的建设成果和良好的建设经验，为水利部研究制定智慧水利的发展思路提供了很好的基础。

——水利部原党组副书记、副部长 矫勇

广东省省内水网密布，大小河流共 12000 多条，河流范围广，水域划分复杂。实时在线人数过万，横跨 15000 个各级部门，覆盖省、市、县、镇、村五级河长工作人员。

如何快速实现从群众到基层干部再到全员普及，扩大信息服务的触达效率和覆盖范围，提高水利厅、环保厅、国土厅等多个部门的协作效率，是考验广东省河长办和广东省水利厅治水管水的一大难题。

一、广东水利用脚丈量的“痛”

（1）**管理体系混乱。**“河长制”下设河长等级、数量较多，管理范围较大，各级河长不能做出及时反馈；反馈问题时，整体流程较为烦琐，信息损失度较高；无数据平台将整体数据整合分析，使责任部门不能及时履行义务。

（2）**沟通渠道不便利。**群众未被纳入沟通系统中，参与度低，无法及时与河长沟通事宜。

（3）**业务管理效果差。**由于下设河长更换频繁，培训成本较高，广东水利整体培训成本付出的性价比较低，培训后整体效果不如预期。

二、实现全员参与制

广东省水利厅企业微信实时在线人数过万，横跨15000个各级部门，覆盖省、市、县、镇、村五级河长工作人员，全省用户近14万人，部门约1.6万个。人员多、变动大、部门分散、距离远，河长制强调协调联动，不替代原职能部门工作，河长多为兼职、基层河长在河长中占绝大部分比例，不具备办公电脑，等等，直接影响沟通效率，从而导致日常工作中管理效率低下的问题。

另外，在防治水域污染工作中，群众无法及时与各级河长、工作人员沟通并反馈问题，导致水污染的防治效率大幅下降。

企业微信联结日常沟通，提供实时水情。就系统来说，企业微信将水利厅上下及群众均纳入服务范围，从群众到基层干部再到全员普及，全员参与到污水防治工作中。

同时，基层河长间在日常工作中可以就水域情况及时沟通，提高沟通质量；引入企业微信使群众加入整体的监管任务中，群众在发现污染时，第一时间反馈并向组织汇报。

三、减少河长管理的学习成本及时间

企业微信凭借与微信一致的操作体验，与微信互通的产品优势，大大节省了全员推广和培训的时间成本。根据实际使用该智慧河长平台的工作人员介绍，不管是事务繁忙的省级河长，还是管护河流“最后一公里”的村级河长，都可轻松上手使用，无须推广培训。

基层河长是“广东智慧河长”的主要用户，如果采用层层培训的方式，时间和费用都将无法承受。而且基层河长及工作人员流动性大，培训周期跟不上。

借助企业微信与微信类似的操作体验和易用性，基层河长学习成本低、上手速度快。基层河长也可以免下载 App 使用，关注“广东智慧河长”微信插件（见图 1），也可收到任务推送和使用服务，提高了覆盖范围。

图 1　智慧河长在企业微信上的具体功能

四、开发便捷、信息安全

在协助具体业务实施的过程中，企业微信在协调工作、提升效率方面具有以下特点：

（1）需求变化快，开发要便捷，适应快速迭代；

（2）开发门槛要低，能够被各市河长办接收；

（3）数据允许本地部署，可调动已有资源。

就企业微信的系统而言，其采用与微信公众号相同的开发模式，门槛低，便于快速开发。同时，针对不同企业规模而采取的针对性设计、微信开发模式具备一定的影响力，各地市更易于接受。就其本质而言，企业微信仍然是应用的入口，广东智慧河长中水量、水质等敏感数据仍然存放在本地私有云，便于相关人员及时查看（见图2）。

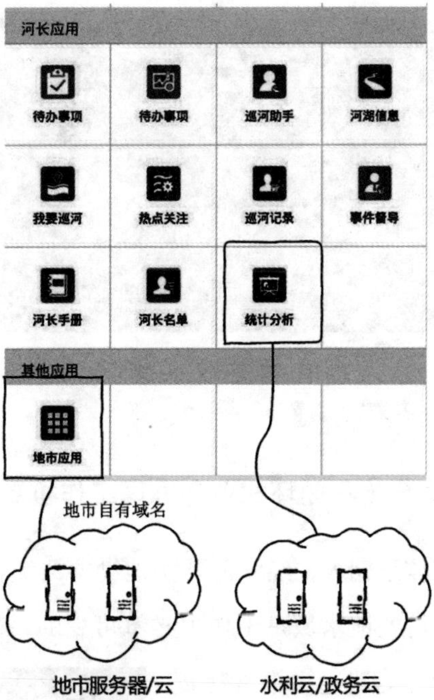

图2　本地私有云存放情况

五、建设扁平化管理团队

在发改委下设水利厅、林业厅、环保厅、交通厅等9个具体细分机构后，再对水利厅下设下级河长办，在便于发改委管理的同时，也有助于各部门间合作完成工作。

发改委下设部门多，实行扁平化管理，避免了流程繁杂、工作效率低等问题（见图3）。同时，针对具体问题，各部门可通过线上分工合作方式解决，在保证工作质量的同时，提高工作效率。

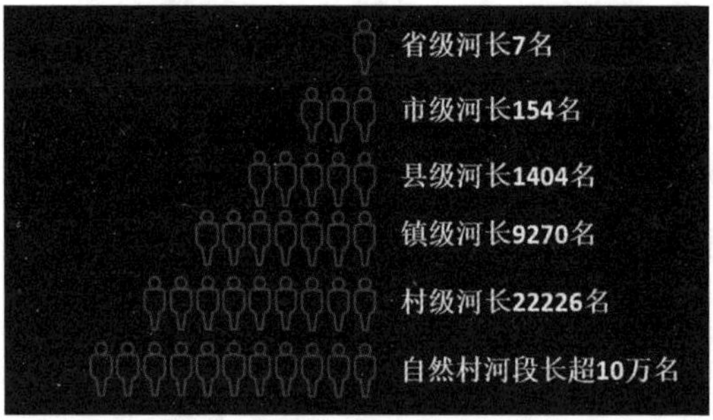

图3　各级河长人数一览

六、建立全流程闭环式业务办理工作机制

对于组织体系庞大、经常需要实地勘察河流情况的广东水利厅来说，走访各地水域是工作中必不可少的一部分。以往在勘察、汇报的往返路途中常常耗费很多时间，信息不能及时快速地传达，导致治理周期延长。如今通过企业微信即可轻松拍摄实景图片，将实际污染情况上报至河长办，同时还可开启定位功能，精准定位污染区域，河流治理更快、更精准、更高效（见图4）。

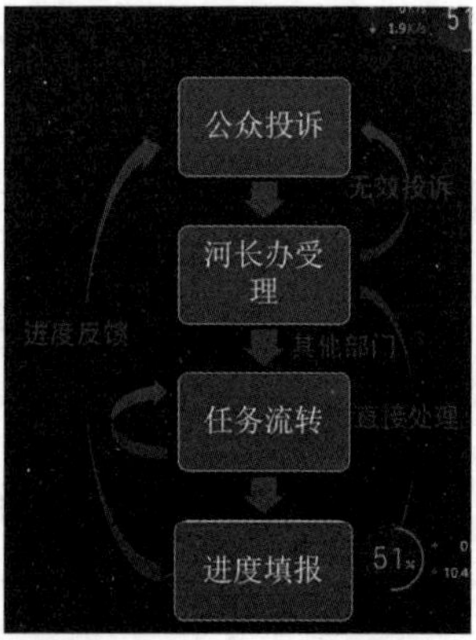

图4　闭环式业务流程情况

七、轻松打通跨部门信息共享

河流污染的复杂性往往涉及政府多个部门协同作战，以前各政府部门之间数据封闭，信息同步不及时，河流治理难题往往得不到快速、有效的处理。

实现跨部门信息共享，及时反馈处理相关问题。现在，通过企业微信中丰富的办公应用和多功能的组织管理，广东省河长办和广东省水利厅整合水利、环保、国土等相关部门信息及数据资源，实现多部门信息共享、协同办公。

河长巡查时通过企业微信上传的水污染问题或群众通过微信公众号反馈的河流问题，会实时进入企业微信后台，基于大数据分析智能分发给对应部门进行处理。处理进度会及时同步在企业微信上，并通过微信服务号反馈给群众，这样既可以通过大数据掌握河流相关情况，吸取他人治水经验，还可以让群众参与治水，随时接受群众监督。

八、企业微信助力广东建设数字政府

对于政务办公来说，数据安全不容小觑。企业微信乃至整个腾讯生态都对安全问题零容忍。企业微信具有实名认证的组织体系，确保了架构内成员的真实性。各级河长通过企业微信即可实时上传下达，避免了层层签字走流程，让政务处理更加高效透明，真正做到了“让群众少跑腿，让信息多跑路”。

对于广东省河长办和广东省水利厅来说，选择企业微信打造“智慧河长”是一个大胆创新的方式。但事实证明“广东智慧河长”平台是行之有效的模式。“高效沟通，扁平化管理，一个协同高效运作的河长制组织形态”是广东省水利厅对企业微信“广东智慧河长”平台的总结。

此前，党的十九大报告中提出加快建设数字中国，要运用大数据促进保障和改善民生，加强生态环境领域的大数据运用，为加快改善生态环境助力。广东省省长马兴瑞补充道：“我们从去年开始做的这个项目，就是想让‘政府回归政府’，政府变身为一个大数据管理者。”他表示，真正的“互联网+”应该由企业来做。通过“互联网+政务”的创新模式，让更多的事项可以在网上办理。在未来，企业微信将携手广东省水利厅共同完善“广东智慧河长”平台，让政府行动更加快速高效，更妥善地解决河流问题。

九、水污染防治工作更便捷、更高效

（1）**沟通提升管理效率。**由于广东省水利厅管理水域面积较大，存在地域管辖的问题。企业微信上线后，在各级河长和群众的共同监督下，水污染的各种信息得到及时反馈，增加了下层反馈的方式，提高了反馈质量，也增加了群众的参与度。

（2）**管理方式同步更新。**纸质信息的传达方式耗费人工、时间和资源，而企业微信即时同步各地域的水污染情况，帮助河长及时了解管理领域下设河长所反馈的各种信息，对于相应问题能够及时了解并处理，提高了工作效率。

（3）**推动业务发展提升。**企业微信实现反馈及时化、信息全面覆盖化，随时监控各类问题隐患，保证水污染防治工作的有效进行。

十、优化沟通、管理、合作机制，推动全民治水

困扰广东省水利厅多年的管理水域较大、沟通效率低下等问题，通过使用企业微信来解决，不仅是公司运营高效率的路径，更是业务创新的内在要求。企业微信应用覆盖率的提高，为企业的高效管理提供了安全的解决方案。

配合企业的迅速发展，改变效率低下、管理混乱、安全隐患大而引发的管理成本上升的情况，改变以往靠脚步丈量水域的低效率模式，避免传统方式下沟通效率低、无法及时反馈情况的发生，使内部、外部联通，保证反馈的及时性和全面性，提高工作效率，保证水污染防治工作的实行。

案例二十五

广东省人大常委会：

数字化转型推进政务服务更高效

《进一步深化“互联网 + 政务服务”推进政务服务“一网、一门、一次”改革深化通知》提出，让企业和群众到政府办事像“网购”一样方便。作为政务数字化建设的领跑者，数字广东成为国内典型数字政府。

——国务院办公厅

在“互联网 +”时代，广东省人大常委会引入企业微信作为数据化平台，在原有服务的基础上，结合互联网的优势，降本增效，提高服务质量，在“智慧人大”建设中取得了以下六个方面的成就。

（1）实现全省五级人大代表履职信息的档案化、数据化、可视化；

（2）有利于加强对代表的服务和履职管理；

（3）有利于统筹推广广东省人大常委会工作，增强人大常委会工作的整体实效；

（4）打通全省各级人大机关壁垒，整合各级人大已建成的信息系统，实现数据共享、互联互通；

（5）实现了代表基本信息库与政务微信的无缝对接、上线了16个应用；

（6）服务13万用户同时上线使用。

一、政务工作管理沟通遇难题

政务工作具有组织结构复杂、服务对象广泛、服务内容专业、信息安全要求高等特性，传统办公系统无法在保障信息安全的前提下，满足政务工作即时沟通、多样化协作的要求，势必给政务工作带来管理与沟通上的难题。

（1）**管理层面**：人大代表履职情况无法做出实际反馈，整体层面监管薄弱；预算监管部门化，各部门参与度较低，对法规政策了解少；人大代表没有相应学习平台且对自身要求没有标准化的文件呈现。

（2）**沟通层面**：全省人大机关之间沟通效率低，没有可供使用的数据平台，无法保证各平台信息准确、及时。

二、履职信息档案化、数据化、可视化

在传统管理系统下，人大代表相应的履职情况只能以部分基层群众及工作人员做出反馈的情况作为记录，且反馈结果一般没有实质的可参考价值。对于人大代表履职的实际情况没有

明确的判断标准。

这些问题在广东省人大常委会安装企业微信后得到了相应解决。广东省人大通过自己的政府服务与企业微信相关功能结合，使服务在功能的基础上，更快捷、方便地为群众服务。

帮助监督人大代表整体工作表现，提高群众参与度

企业微信中代表履职业务系统可以采集五级人大代表的信息，实现了信息管理、查询、统计、监测。在信息管理系统中，围绕代表履职情况，不再是传统管理中人为统计的履职情况交流，而是通过统计数据，有据可依，从而实现规范化、数字化和智能化履职交流，使履职情况变得更加真实、准确，更为直观、简单、快捷。

同时，由于监督体系的良好运作，代表议案建议系统实现了移动议案提交、代表申请联名、联名反馈议案、反馈意见处理等一系列自动化流程，形成了全流程监控、督办与闭环的数字化流程。

在履职情况反馈工作中，不再只是走形式上的基层群众反馈，而是将群众意见交办“一键通”，方便、快捷地为群众讲真话，办实事，大大提高了决策的科学性，也进一步对人大代表的履职情况进行监督。

三、联网监督预算，保证合法合规

对于广东省人大常委会而言，预算监管一直是政府部门着重强调并严加实行的，但在实际工作中，由于资金支出的不可预测性（增加、减少或其他情形）产生的调整则削弱了政府部门的控制力度。

（1）预算透明化，企业微信助力监管。企业微信的安装解决了预算联网监督等系统问题，以联网的方式确保预算实行的合法化、合规化。以前各部门对接财政、社保、国资、发改等部门数据，以预算编制、调整、执行、决算为主线，但对预算的实际控制力度较弱，无法保证资金按照既定使用方式运行。使用企业微信协助政府在各方面加大预算资金审查力度，确保资金的正常运行，使预算资金运作流程更加规范。

另外，在加大预算监管力度的同时，企业微信还能大大提高预算执行的透明度，减少预算的非法操作及降低其他可操作性。预算的调整、决算等被政府高度重视，推动执行全面规范的预算制度，保证政府服务的高效运行。

（2）预算系统模块化，提高企业监督力度。在实际使用中，系统将预算具体分为几类常用的细分模块，帮助企业更详细地掌握预算资金的支出方向，通过系统查询、代表审议、分析预警、审查监督四大模块，提高审查监督的针对性与时效性，保证政府资金预算监督的顺利进行。

四、机关业务办理更加便捷、高效

除内勤人员长期在单位内部办公，其他人员均有出差的情况，而此时部分业务使用内部电脑办公不便利或具有保密性。使用企业微信在手机上操作则帮助业务人员快速完成工作，方便业务人员操作。

围绕人大机关内部职能工作需求，建设人大 OA 无纸化移动办公平台。积极引入并设计符合机关结构的人大机关业务及 OA 系统（企业微信平台），从四个方面做好流程工作，提高机关业务办理效率。

从多个维度提高机关办公效率。保障机关办文、办会、办事的需求，提升部门间的协同能力，实现移动的流程流转、审批、分发与交接。政府部门文件较多，签字流程繁杂且容易出错，各部门间交流较少，有时不能及时、准确地对接工作，十分影响服务质量及工作效率。而企业微信只需走好自己本部分的流程，系统自动进行下一流程，在提高工作效率的同时，保证了政府工作质量。

移动公告、移动多媒体会议系统的使用，保证了通知高效触达。企业微信平台会在平台分享相关使用说明及移动公告，确保未使用过的工作人员能够顺利应用系统；保证外勤人员了解政府部门工作重点，在工作中积极配合。

从以上几个方面来说，企业微信帮助企业在各流程上提高工作效率，提升工作质量，使机关业务办理高效、便捷。

五、大数据服务系统提供综合参考

在企业微信中，大数据服务系统综合人大所需的各种政策、法律法规知识，为政府综合参考提供依据。互联网平台“智慧人大”实现机关内部数据资源和外部数据资源的统一管理、共享及交换，构建了智能分析平台。各部门可在平台查询所需政策及舆情信息，为各业务系统数据分析所需政策及数据提供决策参考。

“智慧人大”还提供法律法规、人大知识库、选题参考以及其他文档，为代表提供标准资料库。将学习政策及文件集中于数据化平台，督促人大代表积极学习，以身作则，以高标准来要求自身并认真投入岗位工作中。同时，平台收集并分析舆情，以政策规范舆情，将舆情适当融于政策，保证政府为人民服务的精神，也为人大工作提供科学依据（见图1）。

图1　大数据服务系统服务项目

六、打通全省人大机关壁垒，实现数据共享、互通

全省积极打造人大服务综合信息平台（见图2），通过打破行业机关壁垒，实现各机关数据互通，保证政策出台的准确性及服务的保质高效，使各机关单位互相配合，更加高效地为社会服务。

广东省人大常委会在企业微信中建设了移动端信息发布平台与移动人大官网，为人大履行立法、监督、重大事项决定和人事任免等提供了及时、广泛、专业的信息支撑。同时，数据信息的共享也帮助其他机构了解人大机关的相关政策，做到行业互通、服务其他机构。

图2　广东省人大政策文件共享情况

七、提高广东省人大常委会运营服务效率

（1）**人大代表管理机制提升。**广东省各级人大代表进行线上的履职情况说明，通过各级人大代表线上说明情况，实现规范化、数字化的信息方便交流。同时，群众意见交办“一键通”也加大了政府对人大代表的监管力度，从群众的角度可以了解政策决定的实施情况，使人民群众参与到政府监督中，推进其积极工作，服务于人民利益。

（2）**业务、法规数据同步共享。**省人大常委会所构建的大数据服务系统实现了内部、外部资源的统一管理，并能为各业务的分析提供数据参考，实现政府数据同步共享。同时，该系统还能分析舆情，为人大工作提供科学依据。

（3）**财务预算监管加强。**预算资金审查力度加大，从多个方面对预算严查，提高了预算执行的透明度，推动执行全面规范的预算制度。

（4）**移动办公让业务处理更高效。**建设人大 OA 无纸化移动办公平台，实现了移动的流程流转、审批、分发与交接，移动公告、通知及移动会议等传达高效。

八、打造运转高效、信息透明、决策科学的政务系统

广东省人大常委会将新型办公工具——企业微信融入政府机构业务中，不仅使政府效率得到提升，更是政府业务创新所需。在原有政府管理的基础上，随着企业微信应用的增加，原有的环节管理混乱及管理成本增加的情况都得以改善。

工作流程由人为化变为线上走工作流程，避免其影响工作效率。企业微信成为一种更直观、便捷的政府服务方式，使高效管理悄悄融入政府部门工作，帮助政府更好地运营。有了企业微信的协助，相信省人大将更好地为社会服务。这一融合也值得其他政府部门借鉴，帮助政府提高服务质量及工作效率，更好地为人民服务。

后　记

以开放的思维构建企业服务新生态

企业微信自2016年4月正式上线，截至2018年5月，注册企业超150万户，活跃用户数达3000万人，中国500强企业中80%都已开通。企业微信高度覆盖制造业、教育业、IT/互联网、商业零售、医疗健康、金融业、政府等50多个领域。目前在企业微信里，灰度一年后，已经有100万的企业员工在服务6000万的微信上的客户。2019年12月23日，在企业微信2019年度发布会上，企业微信3.0版本正式发布。这一次，企业微信迈出更大的一步，释放客户联系、客户群以及客户朋友圈三大能力，更好地帮助企业连接微信用户。

企业微信作为企业数字化转型的助手，不仅以一款办公工具存在，还帮助企业实现从连接人与人到连接人与业务，为企业搭建开放智慧的连接平台。从加速内部信息流转到加速企业与外部的沟通，从洞察消费者潜在需求到实现内部定制化生产与精准营销，用连接成就智慧企业，帮助企业实现“内外兼修”。

未来，数字经济将成为中国经济转型、增长的新蓝海和推动企业高质量发展，优化治理、改善民生的不竭动力。政府、企业、社会各界都将积极进行数字化转型，促进数字经济健康发展。在企业数字化转型的前半场，以通用电气公司、青岛红领集团为代表的制造类企业成为“第一个吃螃蟹的人”，及早抓住了数字化机遇，顺利地推动了企业转型发展，不仅带来技术创新方面的正向整合，还实现了商业模式的重塑或重构。企业深度掘取数字化转型带来的红利，取得了明显的竞争优势。未来，还将有越来越多的行业、企业加入数字化转型的大军，数字化转型工具的需求也将显著增加。

数字经济技术除了改造企业现有生产管理流程，创新企业商业模式，在改善民生、提高政务服务水平方面也作用巨大。目前，公安、旅游、水利、人大等政府职能部门通过积极引入企业微信，打造移动、智慧政府服务平台。未来，不同层级、不同领域的政府职能部门和民生服务领域都将积极推动数字化改革，将政府部门线下和桌面的办事流程升级到移动端，使公众足不出户、随时随地就能获得政府提供的服务，使政府更加贴近百姓生活，为公众的生活带来切切实实的便利。

随着企业微信服务半径的扩大，面对企业、政府、公众形形色色的个性化需求，单靠企业微信自身团队的力量，可能无法触达各行各业的细枝末节。

因此，基于整个企业服务生态，企业微信也在不断更新版本，完善功能和服务。同时，企业微信也将始终怀抱开放的心态，进一步打通企业微信自己内外部生态的连接。2018 年企业微信与微信实现互通，之后又把小程序、微信支付等C端的产品和能力复制到B端，为企业用户创造更多便利。2019年，腾讯发布了企业微信3.0版，“帮助企业连接和沉淀11亿微信用户”成为最受外界瞩目的关键词。本次更新进一步强化了企业微信与个人微信的连接，也就是B端与C端，即企业与顾客的连接，进一步强化了B端与C端连接的信任和持续性，相信企业微信一定能成为沉淀私域流量的一大利器。2020年年初，新型冠状病毒来袭，为响应国家号召，减少人员聚集，阻断疫情传播，多数企业员工需要在家办公。为支持在家办公也能高效协作，企业微信及时增加功能，如300人在线会议、健康上报、群直播等，让我们进一步感受到企业微信的贴心与便捷。

不仅如此，企业微信也将积极引入并连接周边生态合作伙伴，借助第三方力量来满足企业多元、多变和个性化的信息化需求，建立起新的互动模式，构建一个繁荣的开发者生态圈。多元化的产品能够让企业根据自身的需求来自由拼出最适合自己的个性化产品矩阵，以应对快速变化的社会和商业变革，也让企业微信轻松应对更广泛的行业场景，根据各大企业管理需求做到“千人千面”。